시골 목사의 **아침 인사**

일상에서
하나님을 만나다

일상에서 하나님을 만나다

시골목사의 아침 인사

한상만 지음

인더바이블

책 한 권을 내면서

고등학교를 졸업하고 바로 신학대학교에 입학했습니다. 군 복무를 마치고 돌아오니 신학대학원 과정이 생겨서 대학원 과정까지 마쳤습니다. 그렇게 7년, 신학을 공부하는 여정 가운데 한 번도 "묵상"을 배워본 적이 없습니다.

묵상을 처음 배운 것은 신학대학원을 졸업하고 목사안수를 받기 전이었습니다. 어려운 시간을 겪고 있을 때 찾아갔던 선교단체 YWAM(예수전도단)의 DTS(Disciple Training School)훈련 과정을 통해서 묵상을 배웠습니다.

묵상의 중요성을 절감하게 된 것은 담임목회를 하면서입니다. 교회를 개척하고 일주일에 최소한 열 번의 설교를 해야 하는 상황에서 묵상은 목회자의 모든 것 중 가장 우선이 되어야 한다는 것을 깨달았습니다. 목사의 삶은 묵상의 삶이어야 한다고 생각합니다.

그래서 목회자를 양성하는 신학교에서 반드시 가르쳐야 할 내용이 "묵상"이라고 생각합니다. 한 과목으로 개설할 수 없다면 설교학을 가르치는 시간에라도 묵상을 반드시 가르쳐야 한다고 생각합니다.

가끔 성도님들에게 이런 이야기를 합니다. "하나님의 백성이 성경을 읽지 않고, 하나님의 백성이 성경을 묵상하지 않는다면 누가 하겠느냐?"라고 말입니다. 당연한 이야기인데 오늘날 이 말은 당연하게 들리지 않습니다. 많은 하나님의 백성들이 성경을 읽지도 않고, 묵상하지도 않는 현실에 있습니다.

하나님을 아는 지식과 하나님께 가까이 가려는 믿음보다는 세상에 더 관심이 있기 때문입니다. 말씀을 묵상하고, 말씀 속의 깊은 의미로 들어가기보다는 패스트푸드 혹은 인스턴트 식품과 같이 이미 가공된 짧은 영상으로 영적인 생명을 유지하고 있는 것입니다. 진정한 의미는 모른 채, 성도로서 믿음을 지키기 위해 발버둥 치는 일이 없는 안타까운 현실일 것입니다.

이 책의 원고는 "시골 목사의 아침 묵상"이라는 이름으로 매일 아침 묵상하며 썼던 글입니다. 다소 투박하게 써 내려간 묵상이기에 세련된 맛이 부족하여 어디에다 내놓기 부끄러운 마음마저 듭니다. 그런데도 책으로 엮은 이유는 책을 읽는 이들에게 묵상의 중요성을 말하고 싶고, 묵상의 실제를 통하여 누구나 묵상할 수 있다는 것을 알리는 좋은 기회가 되었으면 하는 바람이 있기 때문입니다.

짧은 글이지만 한줄 한줄 써 내려간 곳에는 말씀과 씨름했던 흔적이 남아 있습니다. 탁월하고 뛰어난 사람으로서가 아니라 은혜로 하나님의 자녀가 된 한 명의 성도로서 고민한 흔적입니다. 하루하루 삶이 말씀과 부딪힐 때, 생각과 지식이 성경의 가르침과 부딪힐 때 끙끙거리며 고민하고, 때로는 말씀에 산산조각으로 깨지는 시간을 경험하며 지나온 흔적입니다.

책장을 넘길 때마다 글 안에 담겨 있는 말씀을 향한, 하나님을 향한 뜨거운 마음을 느꼈으면 좋겠습니다. 성도로서 말씀을 가까이하고 묵상하려는 마음이 회복되었으면 좋겠습니다. 나도 묵상해야겠다는 결단이 있기를 소망합니다.

이러한 마음을 잘 알고 아낌없이 응원해 준 '내포사랑의교회' 지체들이 있었기에 한 권의 결실이 만들어졌습니다. 참 부족한 담임목사이지만 언제나 믿고 섬겨주는 '내포사랑의교회' 지체 한 사람 한 사람에게 지면을 빌려 감사의 인사를 드립니다.

부족한 글에 추천의 글을 통하여 격려와 응원, 그리고 사랑하는 마음을 아낌없이 보내 주신 '대신총회신학연구원' 원장 이종전 목사님과 'TGC코리아' 대표 박태양 목사님, 'BASE성경교육원' 대표 김돈영 목사님께 감사드립니다.

끝으로 언제나 곁에 있는 가족에게 한마디 남기고 싶습니다.

사랑하는 아내 선희씨! 목회자하고는 결혼하지 않겠다고 그렇게 이야기했는데 지금은 사모로 살고 있군요. 개척교회 목사의 아내로 사는 것이 쉽지 않았을 텐데 말이죠. 더 많이 움직여야 하고, 더 많이 침묵해야 하고, 더 많이 섬겨야 하지만, 결코 빛나거나 우뚝 서지 못하는 자리가 바로 그 '사모'의 자리라는 것을 누구보다 잘 알고 있기에, 묵묵히 지키고 버텨주니 그저 미안하고 고마울 따름이오. 사랑합니다.

아들 서희! 대학교 진학에 네 생각과 의지가 있었는데도 아버지의 의견을 듣고, 이해하고 따라줘서 고맙구나. 목회자의 자녀로 성장하는 것이 쉽지 않다는 것을 알지만, 모두 받아주지 못했구나. 더욱이 개척교회 목사의 아들로 성장하는 것은 더 쉽지 않았을 텐데 미안하고 고맙고 사랑한다.

딸 수아! 엄마가 너를 임신했을 때 그때가 아빠의 삶의 여정에 가장 힘든 시간이었단다. 그 어려운 시간에 하나님이 너를 우리에게 보내셨단다. 그때는 참 어려웠는데, 지금은 그것이 얼마나 큰 하나님의 은혜인지 모르겠구나. 너를 보내 주신 하나님께 감사하단다. 역시 개척교회 목사의 딸로 성장하는 것 쉽지 않았을 텐데 미안하고 고맙고 사랑한다.

삼위일체로 계신 하나님! 몸도 영혼도 모두 하나님의 것이라는 말씀이 참 위로가 됩니다. 한없이 부족한 나 같은 사람을 부르시고, 사용하시는 주님께 감사할 수밖에 없습니다. 나의 주인이 되신 주님, 감사합니다.

2020년 8월 15일

시골목사 한상만

이 책을 추천합니다

● 생각을 나누고 깨달음을 공유한다는 것은 인간에게만 주어진 특권이다. 그만큼 귀하고 의미 있는 일이다. 하지만 그것을 짧은 문장에 담는 것은 생각만 있어서 되는 것이 아니다. 공유를 목적으로 생각을 글로 담아내는 작업은 또 다른 일이기 때문이다. 그만큼 객관적 사유가 필요하고, 동시에 글로 표현하는 과정과 스킬이 필요하다. 따라서 글로 담기 위한 많은 시간과 수고가 있어야 한다.

신앙의 깨달음을 글에 담아서 나눈다는 것은 더 특별하다. 목회의 현장에서 사역하는 것만으로도 벅찬 것이 한국교회 목회자들의 현실인데, 목회자 자신이 먼저 하나님과의 관계에서 깨달았던 것들을 일기처럼 정리해서 나누는 것은 귀하고 특별하다. 목회자 자신에게나 나눔의 대상인 신자들에게 지난 시간 속에서 공유했던 것을 묶어내는 것은 하루 이틀에 된 것이 아니기에 글에 담긴 이야기들이 모두 귀하다.

최첨단의 시대를 살고 있는 지금 '책'이라고 하는 아날로그적인 수단으로 깨달음과 생각을 담아낸다는 것은 어떤 의미일까? 이미 수많은 저술가의 책이 있다. 그럼에도 한상만 목사의 묵상집(默想集)을 추천하고 싶은 것은 그의 글이 단순한 관념적 사유가 아니기 때문이다. 글은 짧지만 매일의 일상에서 하나님과 교통하면서 자신의 삶과 사역의 현장에서 체험하고 고뇌하는 가운데 깨달은 것을 담은 것이기에 살아있는 글이다. 그저 필요에 의해서 쉽게 쓴 글이 아니라는 의미이다. 또한 단지 관념적인 이상을 담은 것이 아니라는 의미이다. 성경의 가르침과 신앙적 이상, 그리고 맞닥뜨린 현실에서 때로는 좌절과 실망을 경험하면서 자신의 삶으로 살아내는 고백적 깨달음이다.

그의 글을 읽노라면 지체들을 향한 따뜻하고 애틋한 마음이 느껴진다. 단지 손가락으로 방향을 제시하고 있는 모습이 아니라 행여 실족하거나 시행착오를 겪는 아픔이 있을까 애태우는 목자의 마음이 담겨있다. 어미닭이 병아리를 부화시킨 다음에 독립할 수 있기까지 돌보는 모습을 보면 부끄럽게 느껴질 때가 있다. 그렇게 지극 정성일 수 없기 때문이다. 위험을 경계하고, 먹이를 찾아서 먹도록 하는 것, 날개를 펴서 병아리를 불러 모으는 모습은 누가 '닭대가리'라고 했는지? 그것은 인간 스스로의 못남을 부정하기 위한 역설적 강변일지 모른다.

또한 그의 사유와 깨달음은 단지 자신의 경험과 지식에 의존하고 있지 않다. 언제나 성경과 그것을 말씀하신 하나님께 집중되어있다는 것이 귀하다. 하여, 하나님께서 말씀하시는 것을 듣게 하고 보게 한다. 자신의 생각을 통해서 하나님과의 관계를 확인하게 하는 것이 아니라 성경을 통해서 하나님과의 관계를 확인하고, 그 과정에서 자신을 발견하게 한다. 그러한 의미에서 글을 읽어가는 가노라면 진정한 목회자로서 그의 모습이 보인다.

이 책은 개인적인 묵상과 QT를 위한 텍스트로 사용한다면 좋을 것이다. 또는 수필을 읽듯이 담겨진 깨달음을 공유할 수 있다면 좋을 것이라는 생각을 하면서 기쁜 마음으로 추천하고 싶다. 그의 글을 읽는 동안 내내 기쁘고 감사한 마음이 드는 것은 나만의 것이 아닐 것을 확신하면서 ….

이 종 전 목 사(어진내교회)

● 저자는 글쓰기를 즐거워하는 묵상가입니다. 짧지 않은 기간동안 저자의 큐티 묵상이 TGC코리아의 웹사이트에 매일 업로드 됐기에 저는 그의 영성을 늘 가까이서 접할 수 있었습니다. 저자는 독자들이 하루의 일상을 상큼하게 살아갈 수 있도록 원포인트 레슨하듯이 자신의 성경 묵상을 나누고 있습니다. 감성적이면서도 설득적인 그의 글을 통해 하나님의 섬세하신 손길이 우리 영혼을 터치하는 것을 꼭 경험하시기 바랍니다.

박 태 양 목 사(TGC코리아 대표)

‘아침 인사’라는 제목에서 한 장면이 떠올랐습니다. “기침하셨습니까?” 라는 말로 어른께 문안 인사하던 모습입니다. 한 장 한 장 넘기면서 느껴지는 저자의 고민 흔적, 바른 신앙을 위한 발버둥과 같은 고민은 어른 앞에서 고개를 숙이고 있는 경건한 문안 인사, 아침 인사를 연상하게 했습니다. 날마다 깨닫는 거대한 하나님의 은혜 앞에서 연약하고 악한 나를 발견하기에 우리는 오직 하나님만 의지할 수밖에 없음을 고백하게 합니다. 아침마다 어른에게 인사하는 것이 당연하듯 ‘아침 인사’를 통해 날마다 하나님께 가까이 나아가는 나, 바른 신앙과 바른 삶을 위해 발버둥 치는 우리가 되었으면 좋겠습니다.

김 돈 영 목 사(BASE성경교육원 대표)

목차

구약

목차

신약

부록

일상에서 하나님을 만나다

구약

01 구약

가치있는 것을 선택하다

창세기 13장 8-10절

8. 아브람이 롯에게 이르되 우리는 한 친족이라 나나 너나 내 목자나 네 목자나 서로 다투게 하지 말자
9. 네 앞에 온 땅이 있지 아니하냐 나를 떠나가라 네가 좌하면 나는 우하고 네가 우하면 나는 좌하리라
10. 이에 롯이 눈을 들어 요단 지역을 바라본즉 소알까지 온 땅에 물이 넉넉하니 여호와께서 소돔과 고모라를 멸하시기 전이었으므로 여호와의 동산 같고 애굽 땅과 같았더라

어떤 사람이 음식점에 들어가서 엄청난 고민에 빠진 장면이 나옵니다. 무엇을 먹을까 하는 고민입니다. 매일 같은 일상이지만 그것이 어려운 것은 매일같이 선택해야 한다는 것 때문일 것입니다. 매 순간이 선택의 순간입니다. 내가 선택하는 이것이 잘한 일인가? 아니면 잘못한 것인가를 고민합니다.

창세기 13장에는 아브람과 조카 롯의 목자들이 양과 소의 꼴을 먹이는 일 때문에 서로 다투는 장면이 나옵니다. 아브람이 롯에게 이렇게 말합니다. "아브람이 롯에게 이르되 우리는 한 친족이라 나나 너나 내 목자나 네 목자나 서로 다투게 하지 말자. 네 앞에 온 땅이 있지 아니하냐 나를 떠나가라 네가 좌하면 나는 우하고 네가 우하면 나는 좌하리라"(창 13:8-9)

사람들은 자신이 선택하기 어려운 일을 다른 사람이 먼저 선택하게 하는 경우가 있습니다. 하지만 이익이 되는 일의 선택을 상대방이 먼저 하도록 하는 것은 결코 쉬운 일이 아닙니다.

아브람의 양보로 먼저 선택한 롯은 온 땅에 물이 넉넉하여 풍성한 꼴을

먹일 수 있는 좋은 땅으로 갔습니다. 롯의 선택은 현실적이고 누가 보아도 현명한 선택이었습니다. 그런데 그의 선택을 성경은 이렇게 기록하고 있습니다. "이에 롯이 눈을 들어 요단 지역을 바라본즉 소알까지 온 땅에 물이 넉넉하니 여호와께서 소돔과 고모라를 멸하시기 전이었으므로 여호와의 동산 같고 애굽 땅과 같았더라"(창 13:10)

롯이 선택한 땅은 소돔 땅이었습니다. 롯의 눈에 보기 좋았고, 좋은 것을 얻을 수 있을 것 같은 그런 땅이었지만 그 땅은 곧 멸망하게 될 땅이었습니다.

사람은 본성적으로 편한 길, 힘들이지 않은 길, 어렵지 않게 무엇인가를 이룰 수 있는 길을 선택합니다. 그래서 우리는 언제나 돌아봐야 합니다. 이 편한 길이 소돔은 아닌지? 어렵지 않게 얻는 길이 고모라는 아닌지 말입니다.

우리가 걷고 있는 이 길이 무엇인지, 우리가 선택하려는 것이 무엇인지 다시금 돌아보아야겠습니다. 우리 삶에 쉽지 않은 선택이 있을 때, 눈앞에 보이는 달콤함이 아니라 본질적인 것을 찾을 수 있는 믿음의 눈이 있기를 소망합니다.

오늘의 기도

모든 지체들이 어려운 길도 믿음으로 걸어보는 능력이 있게 하소서.

02 구약 나의 군대 vs 하나님의 군대

창세기 32장 1-2절

1. 야곱이 길을 가는데 하나님의 사자들이 그를 만난지라
2. 야곱이 그들을 볼 때에 이르기를 이는 하나님의 군대라 하고 그 땅 이름을 마하나임이라 하였더라

창세기 31-33장까지의 말씀에는 야곱이 그의 장인 라반을 피해 몰래 떠나는 것과 형 에서를 만나는 장면이 있습니다. 야곱은 명분과 자신의 지혜를 동원하여 라반을 떠났지만 불과 7일 만에 붙잡힙니다. 하나님께서는 라반에게 꿈으로 말씀하심으로(창 31:24) 장인과의 문제가 해결됩니다.

야곱은 아버지의 집으로 돌아가는 여정 속에서 하나님의 군대, 마하나임(창 32:1~2)을 만나게 됩니다. 마하나임은 "두 진영 혹은 두 개의 군대"라는 뜻입니다. 하나님은 야곱에게 그 자신의 군대만 있는 것이 아니라 하나님의 군대가 있음을 보여 주십니다.

살면서 종종 깨닫게 되는 것은 나의 시각과 생각의 한계입니다. 언제나 나의 시각은 현재적이고, 나 중심적으로 생각하고 있는 것을 발견하게 됩니다. 내가 생각하는 대로 듣고, 내 마음의 틀로 세상을 보는 한계를 벗어나지 못합니다.

우리가 믿음의 삶을 살면서 중요한 것은 현재적인 것만을 바라보는 나의 시각을 교정하고, 나 중심적으로만 생각하는 것을 교정하는 일이 아닌가 싶습니다. 이것은 마치 야곱이 자신의 군대만 바라보다가 하나님의 군대를

보게 되는 일과 같을 것입니다. 신앙은 나의 군대를 내려놓고, 하나님의 군대를 보는 여정이며, 나의 군대를 의지하는 것에서 하나님의 군대를 의지하는 여정입니다.

창세기 32장에서 형 에서가 400명을 거느리고 온다는 말을 듣고 두려워 떨며 만반의 준비를 했던 야곱입니다. 그런데 창세기 33장의 야곱과 에서의 조우는 어떤 면에서 너무 싱겁게(?) 끝이 납니다. 하나님이 장인 라반과의 문제를 해결하셨던 것처럼, 에서의 마음을 변화시키셨기 때문입니다.

말씀을 통하여 깨닫게 되는 것은 내 삶의 문제를 내 힘으로 해결할 수 없다는 것입니다. 그러기에 나의 시각과 나의 생각이라는 나 자신만의 군대에서 벗어나 하나님의 군대를 볼 수 있어야 할 것입니다. 나의 한계를 인정하고 주님만 의지하는 삶이 되기를 소망합니다.

오늘의 기도

나의 군대를 내려놓습니다. 그리고 하나님의 군대를 의지합니다.

03 구약

세상에서 구별되기

창세기 47장 1-6절

1. 요셉이 바로에게 가서 고하여 이르되 내 아버지와 내 형들과 그들의 양과 소와 모든 소유가 가나안 땅에서 와서 고센 땅에 있나이다 하고
2. 그의 형들 중 다섯 명을 택하여 바로에게 보이니
3. 바로가 요셉의 형들에게 묻되 너희 생업이 무엇이냐 그들이 바로에게 대답하되 종들은 목자이온데 우리와 선조가 다 그러하니이다 하고
4. 그들이 또 바로에게 고하되 가나안 땅에 기근이 심하여 종들의 양 떼를 칠 곳이 없기로 종들이 이 곳에 거류하고자 왔사오니 원하건대 종들로 고센 땅에 살게 하소서
5. 바로가 요셉에게 말하여 이르되 네 아버지와 형들이 네게 왔은즉
6. 애굽 땅이 네 앞에 있으니 땅의 좋은 곳에 네 아버지와 네 형들이 거주하게 하되 그들이 고센 땅에 거주하고 그들 중에 능력 있는 자가 있거든 그들로 내 가축을 관리하게 하라

성경에 나타난 하나님의 구속사를 여러 가지로 표현할 수 있겠지만 그 중에 핵심적인 내용이 바로 "구별됨"입니다. 하나님은 아브라함을 구별하셨습니다. 모든 나라 가운데 이스라엘을 구별하십니다. 이스라엘 안에서도 모세를, 다윗을 그리고 제자들과 바울 등 하나님의 뜻으로 선택하고 구별하여 뜻을 이루어 가십니다. 창세기에서는 야곱의 12명 아들 가운데 요셉을 구별하여 하나님의 계획과 약속을 이루어 가십니다.

야곱과 그의 가족은 애굽으로 들어가 고센 땅에 거합니다. 창세기 15장 13-14절의 "여호와께서 아브람에게 이르시되 너는 반드시 알라 네 자손이 이방에서 객이 되어 그들을 섬기겠고 그들은 사백 년 동안 네 자손을 괴롭히리니 그들이 섬기는 나라를 내가 징벌할지며 그 후에 네 자손이 큰 재물을 이끌고 나오리라"라는 말씀이 성취되고, 또 그 말씀이 성취되는 시작점에 관한 말씀입니다. 하나님께서 왜 야곱의 가족을 고센 땅에 머물도록 역사하시는가?

그것 역시 구별됨입니다.

첫 번째 구별은 가나안 땅의 문화와 종교로부터의 구별입니다. 창세기 37장에서 요셉의 역사가 시작되는 데 갑자기 창세기 38장에 유다와 다말 사건이 등장합니다. 이해할 수 없는 구성이지만 창세기 38장의 유다와 다말 사건은 우리에게 많은 것을 이야기해줍니다. 그중에 하나는 유다가 가나안의 문화와 종교에 동화되어 어떻게 죄를 범하는지를 보여줍니다. 하나님의 섭리는 이스라엘을 가나안 땅의 문화와 종교에서 구별하시기 위하여 400년 시간을 애굽에서 보내도록 계획하십니다.

두 번째 구별은 애굽 땅에서의 구별입니다. 야곱과 그의 가족은 고센이라는 땅에 머물게 됩니다. 고센 지역은 목축에 적합한 땅이었습니다. 이스라엘은 목축업을 하지만 애굽은 목축업을 가증하게 여겼기 때문에 자연스럽게 애굽과 구별됩니다. 하나님의 섭리는 애굽 땅의 문화와 종교에서 이스라엘을 구별하십니다.

오늘날도 마찬가지입니다. 세상은 음란한 문화가 팽배했던 가나안과 다른 것이 하나도 없습니다. 인간이 신이 되고, 수많은 우상이 즐비한 애굽과 다른 것이 하나도 없습니다. 그렇다면 이러한 가나안과 애굽 같은 세상에서 하나님이 우리에게 요구하시는 것은 당연히 구별됨일 것입니다.

가나안과 같은 세상, 애굽과 같은 세상에서 스스로 구별되어 바른 믿음을 세워가기를 소망합니다.

오늘의 기도

세상은 날마다 유혹합니다. 지혜롭게 구별하여 믿음을 지키게 하옵소서.

04 구약

죄를 억제하는 나

출애굽기 21장 1-36절

20. 사람이 매로 그 남종이나 여종을 쳐서 당장에 죽으면 반드시 형벌을 받으려니와
21. 그가 하루나 이틀을 연명하면 형벌을 면하리니 그는 상전의 재산임이라
22. 사람이 서로 싸우다가 임신한 여인을 쳐서 낙태하게 하였으나 다른 해가 없으면 그 남편의 청구대로 반드시 벌금을 내되 재판장의 판결을 따라 낼 것이니라
23. 그러나 다른 해가 있으면 갚되 생명은 생명으로,
24. 눈은 눈으로, 이는 이로, 손은 손으로, 발은 발로,
25. 덴 것은 덴 것으로, 상하게 한 것은 상함으로, 때린 것은 때림으로 갚을지니라

성경에 나타난 하나님의 속성은 "사랑"입니다. 그런데 출애굽기 21장에는 왠지 하나님의 사랑에 반하는 말씀들이 기록된 것 같습니다. 1-11절에는 노예제에 관한 규정입니다. 하나님은 사랑의 하나님인데 왜 노예제를 말씀하시는 것일까요?

12-36절은 폭력의 보상에 관한 규정입니다. 하나님은 "눈에는 눈으로, 이는 이로"(24절)라는 '동해복수법'을 말씀하십니다. 이것 역시 하나님의 속성인 사랑에 반하는 것 같습니다. 그렇다면 왜 하나님은 노예에 관한 규정과 동해복수법을 허용하시는 것일까요?

노예에 관한 법은 그 시대의 시대성입니다. 당 시대는 노예제도가 보편적이었습니다. 하나님은 시대적 상황에서 어떻게 노예를 보호할 것인가를 이스라엘 백성에게 말씀하시는 것입니다. 다시 말하면 규정을 통하여 노예의 인권을 오히려 보호하고 계시다는 것입니다.

동해복수법은 두 가지 의미를 담고 있습니다. 하나는 죄를 억제하시기

위함입니다. 죄를 지으면 그에 상응하는 벌을 받는다는 것을 알게 하여 죄를 억제하는 것입니다. 또 하나는 인간은 누군가 나에게 해를 끼치면 절대로 받은 만큼만 돌려주지 않는다는 것입니다. 누군가 나의 팔을 부러뜨렸다면 그의 팔과 다리까지 부러뜨려야 직성이 풀리는 존재이기 때문입니다. 즉 동해복수법은 힘 있는 자가 자신의 피해보다 더 큰 보복을 하지 못하도록 하는 규정이라는 것입니다.

하나님은 시대적 상황에서 이스라엘 백성들의 죄를 억제하기 위하여 여러 가지 규정을 주십니다. 왜냐하면 이스라엘은 하나님의 백성이기 때문입니다. 우리도 하나님의 백성으로 이 땅에 살고 있습니다. 하나님께서 우리가 죄를 억제하고 사는 것을 얼마나 원하시는지를 알아야 합니다.

세상에서 죄를 벗어나고, 죄의 유혹을 떨쳐 버리며 하나님만을 향하는 굳건한 성도의 삶이 되기를 소망합니다.

오늘의 기도

내 안에서 일어나는 죄의 욕구를 단단히 억제하게 하소서.

05 구약

거룩은 말씀의 순종입니다

출애굽기 29장 35-37절

35. 너는 내가 네게 한 모든 명령대로 아론과 그의 아들들에게 그같이 하여 이레 동안 위임식을 행하되
36. 매일 수송아지 하나로 속죄하기 위하여 속죄제를 드리며 또 제단을 위하여 속죄하여 깨끗하게 하고 그것에 기름을 부어 거룩하게 하라
37. 너는 이레 동안 제단을 위하여 속죄하여 거룩하게 하라 그리하면 지극히 거룩한 제단이 되리니 제단에 접촉하는 모든 것이 거룩하리라

하나님께서 제사장을 세우시고, 성막의 규례를 말씀하십니다. 제사장을 세우는 과정과 입어야 할 옷, 성막에 분향할 제단과 물두멍, 그리고 거룩한 향 등에 관한 규례로 모든 것을 구별하십니다. 이 규례를 보면서 느끼는 것이 있습니다. 그것은 이 모든 규례를 지키는 것이 얼마나 어려웠을까 하는 것입니다.

규례는 나중에 레위기 말씀 속에서 한층 더 세밀해지고, 내용이 많아집니다. 이러한 것을 보면서 한편으로는 그 시대에 태어나지 않은 것이 다행이라고 여겨질 만큼 어렵고 복잡하게 느껴집니다.

하나님께서 왜 이렇게 세세한 규례들을 주시는 것일까요? 그것은 "거룩"을 위해서입니다. 하나님은 평범한 사람과 평범한 물건을 사용하십니다. 다만 그것을 그냥 사용하시지 않고 세세한 절차를 통하여 거룩하게 구별하시는 것입니다. 그 세세한 절차에 순종한 평범했던 물건이 성물이 되는 것입니다. 비참한 죄인이 거룩한 제사장으로 거듭나게 되는 것입니다.

우리가 하나님 앞에 거룩한 나라가 되고, 왕 같은 제사장(벧전 2:9)이 될 수 있는 비결이 바로 이것입니다. "하나님의 말씀 앞에 철저히 순종하는 것" 바로 그것입니다.

거룩은 말씀의 순종에서 만들어집니다.

우리에게 주신 성경 말씀을 따라 사는 것입니다. 이 사실을 기억하고 말씀대로, 말씀에 따라 순종하여 거룩한 삶을 이루어 가기를 소망합니다.

오늘의 기도

말씀의 순종이 거룩이라는 것을 기억하고, 매일매일 말씀에 순종하기를 힘쓰게 하소서.

06 구약 그들의 말대로

민수기 14장 1-3절

1. 온 회중이 소리를 높여 부르짖으며 백성이 밤새도록 통곡하였더라
2. 이스라엘 자손이 다 모세와 아론을 원망하며 온 회중이 그들에게 이르되 우리가 애굽 땅에서 죽었거나 이 광야에서 죽었으면 좋았을 것을
3. 어찌하여 여호와가 우리를 그 땅으로 인도하여 칼에 쓰러지게 하려 하는가 우리 처자가 사로잡히리니 애굽으로 돌아가는 것이 낫지 아니하랴

히브리어로 "광야에서"라는 의미의 민수기는 시내 산에서부터 약속의 땅 경계에 있는 모압 평지까지의 여정을 기록하고 있습니다. 시내 산에서 금송아지를 만들었던 이스라엘 백성에게 진노하셨던 하나님은 모세의 간구를 들으시고, 그 진노를 거두셨습니다. 그리고 다시 이스라엘 백성들을 약속의 땅으로 인도하셨습니다.

민수기 13장에서 가나안의 경계에 이른 이스라엘 백성들은 가나안을 정탐했습니다. 12지파의 지도자 한 명씩을 정탐꾼으로 보냈습니다. 정탐을 마치고 돌아온 이들의 말은 두 가지로 나뉘었습니다. 여호수아와 갈렙을 제외한 10명의 정탐꾼은 그 땅에 거주하는 거대한 백성들에게 패배할 것이라고 합니다. 자신들이 메뚜기와 같은 존재라고 말합니다.

이 말을 들은 백성들은 민수기 14장 1절에서 밤새도록 통곡합니다. 차라리 애굽이나 광야에서 죽는 것이 좋았을 것이라고 말합니다. 하나님께서는 그들의 말대로 모두 죽게 하시겠다고 말씀하십니다. 여호수아와 갈렙을 제외한 20세 이상의 모든 사람을 사십 년 동안 광야에서 죽게 하실 것입니다. 그

들의 말대로 말입니다.

같은 것을 보아도 부정적으로 바라보고, 같은 말을 하여도 부정적으로 했던 이스라엘 백성들은 결국 하나님을 신뢰하지 못했던 것입니다. 같은 믿음을 가진 것처럼 보이지만 결국 하나님을 믿지 못했던 이스라엘 백성들은 그들이 보고, 그들이 말하고, 그들이 믿었던 대로 광야에서 죽어간 것입니다.

성경을 읽으면서 보게 되는 이스라엘 백성들의 모습은 정말 한심하게 느껴집니다. 어떻게 저리도 하나님을 신뢰하지 못하는 것일까? 어쩜 저렇게 같은 실수를 반복하는 것일까?

그런데 돌아보면 사실 나의 삶도 별반 다르지 않은 것 같습니다. 나 역시 매사를 하나님의 시각으로 바라보지 못하고, 말하지 못하는 모습이 있기 때문입니다. 그래서 가끔 나의 삶이 여전히 광야를 돌고 있는 것은 아닌지 두려울 때가 있습니다.

우리가 걸어가는 인생 그 자체가 광야이지만, 그 광야가 훈련의 장소가 아니라, 징계의 장소가 되어서는 안 될 것입니다. 내 안에 이스라엘 백성들과 같은 불신앙, 하나님을 믿지 못하는 삶의 태도와 습성은 없는지 돌아보기를 소망합니다.

오늘의 기도

불신앙의 모습을 반복하지 않는 삶이 되게 하소서.

07 구약 현실의 안주함 넘어서기

민수기 32장 1-15절

6. 모세가 갓 자손과 르우벤 자손에게 이르되 너희 형제들은 싸우러 가거늘 너희는 여기 앉아 있고자 하느냐
7. 너희가 어찌하여 이스라엘 자손에게 낙심하게 하여서 여호와께서 그들에게 주신 땅으로 건너갈 수 없게 하려 하느냐
8. 너희 조상들도 내가 가데스바네아에서 그 땅을 보라고 보냈을 때에 그리 하였었나니
9. 그들이 에스골 골짜기에 올라가서 그 땅을 보고 이스라엘 자손을 낙심하게 하여서 여호와께서 그들에게 주신 땅으로 갈 수 없게 하였었느니라
10. 그 때에 여호와께서 진노하사 맹세하여 이르시되
11. 애굽에서 나온 자들이 이십 세 이상으로는 한 사람도 내가 아브라함과 이삭과 야곱에게 맹세한 땅을 결코 보지 못하리니 이는 그들이 나를 온전히 따르지 아니하였음이니라

사람의 본성 중 하나가 변화를 싫어한다는 것입니다. 왜냐하면 변화에는 당장에 치러야 할 대가와 불편함이 따라오기 때문입니다. 그래서 많은 이들은 현실에 안주하고, 현실을 지키려는데 급급합니다.

민수기 32장 1절 이하에 보면 르우벤 자손과 갓 자손은 가축 떼가 많아서 목축하기 좋은 야셀 땅과 길르앗 땅에 머무르게 해달라고 요청합니다. 가나안 땅을 향해 여기까지 왔는데 가나안 땅을 목전에 두고 자신들은 요단강을 건너지 않겠다고 말하는 것입니다.

르우벤 자손과 갓 자손의 태도를 보면서 깨닫게 되는 것은 바로 "현실안주"입니다. 그들의 말을 듣고 모세가 이렇게 말합니다. "너희 형제들은 싸우러 가는데 너희는 여기 앉아 있고자 하느냐? 어찌하여 다른 자손들을 낙심하게 하여 여호와께서 주신 땅으로 건너갈 수 없게 하려느냐?"(민 32: 6-7)

현실안주가 자신에게는 좋을지라도 다른 사람에게는 피해가 되기도 합니다. 현실안주는 건너야 할 요단강을 건너지 못하게 합니다. 약속의 땅 가나안을 얻지 못하게 합니다. 그리고 무엇보다 우리를 내일로 나아가게 하는 것을 방해합니다.

그렇다면 현실안주를 극복하기 위해서 우리가 해야 할 것이 무엇일까요? 그것은 이기적인 마음을 내려놓는 것입니다. 우리라는 공동체를 위해 불편함을 감수하고자 하는 것입니다. 그리고 싸워야 할 것을 피해가지 않는 것입니다. 우리는 무엇보다 지나온 과거를 돌아볼 줄 알아야 합니다. 모세는 40년 전에 이스라엘 백성들이 현실에 안주하려다가 어떤 결과를 맞이하게 되었는지를 회고시킵니다. 가나안을 거부했던 그들, 요단강을 건너지 않으려 했던 그들에게 찾아온 것은 바로 40년간 광야를 헤매다가 죽게 되었다는 사실을 말입니다.

오늘 우리가 가야 할 가나안 땅, 우리가 건너야 할 요단강을 현실이라는 이름으로 거부하지 않아야 합니다. 현실을 넘어 약속한 곳으로 한 걸음 다가설 때 가나안 땅에 들어가게 됨을 기억해야겠습니다.

약속의 땅을 향해 한 걸음 내딛기를 소망합니다.

오늘의 기도

'이만하면 됐지' 라고 생각하며 현실에 안주하고 싶은 마음을 버리고, 내가 건너야 할 요단강, 내가 취해야 할 가나안을 향해 나아가게 하소서.

08

구약

회상(回想)의 시간이 필요합니다

신명기 1장 30-33절

30. 너희보다 먼저 가시는 너희의 하나님 여호와께서 애굽에서 너희를 위하여 너희 목전에서 모든 일을 행하신 것 같이 이제도 너희를 위하여 싸우실 것이며
31. 광야에서도 너희가 당하였거니와 사람이 자기의 아들을 안는 것 같이 너희의 하나님 여호와께서 너희가 걸어온 길에서 너희를 안으사 이 곳까지 이르게 하셨느니라 하나
32. 이 일에 너희가 너희의 하나님 여호와를 믿지 아니하였도다
33. 그는 너희보다 먼저 그 길을 가시며 장막 칠 곳을 찾으시고 밤에는 불로, 낮에는 구름으로 너희가 갈 길을 지시하신 자이시니라

신명기는 모세의 유언적인 설교입니다. 모세는 가나안을 앞에 두고 있는 모압 평지에서 지난 40년의 시간을 회상하고 있습니다. 출애굽 이후의 세대들에게 마지막 설교를 남기고 있는 것입니다.

모세는 이스라엘이 왜 40년간 광야를 돌아야 했으며, 광야에서 어떻게 생활했는지를 말씀하고 있습니다. 그 광야에서 누구와 싸웠고, 누구와 싸우지 말아야 했는지, 어떻게 하는 것이 옳은 것인지를 알려주고 있습니다. 특히 지나온 시간을 통하여 발걸음마다 어떻게 하나님이 동행하셨는지, 어떻게 이스라엘의 왕으로서 인도하셨는지를 회상하고 있습니다.

신명기 1장 30-33절에 이렇게 말씀합니다. "너희보다 먼저 가시는 너희의 하나님 여호와께서 애굽에서 너희를 위하여 너희 목전에서 모든 일을 행하신 것 같이 이제도 너희를 위하여 싸우실 것이며. 광야에서도 너희가 당하였거니와 사람이 자기의 아들을 안는 것 같이 너희의 하나님 여호와께서 너희가 걸어온 길에서 너희를 안으사 이곳까지 이르게 하셨느니라 하나 이 일

에 너희가 너희의 하나님 여호와를 믿지 아니하였도다. 그는 너희보다 먼저 그 길을 가시며 장막 칠 곳을 찾으시고 밤에는 불로, 낮에는 구름으로 너희가 갈 길을 지시하신 자이시니라"

하나님께서 이스라엘 백성들보다 먼저 가서 그들을 애굽에서 건져내셨습니다. 또 이스라엘 백성을 안으사 이곳까지 인도하셨지만, 그들은 여호와를 믿지 않았다고 모세는 말합니다.

신앙생활을 하면서 우리가 해야 할 중요한 일 중 하나는 가만히 지나온 시간을 돌아보는 것입니다. 이스라엘 백성들의 실패는 그 지나온 시간을 돌아보지 못함이었습니다. 그래서 모세는 자신의 마지막 설교를 통해 이스라엘 백성들이 지나온 시간을 돌아보게 하고 있습니다.

우리에게 잘 알려진 신학자 중에 존 스토트 목사님이 계십니다. 그가 이런 말을 합니다. "하나님은 두 권을 책을 쓰셨는데 하나는 성경이고, 또 하나는 자연의 책이다" 그는 하나님의 사람이 해야 할 중요한 일이 자연 속에서 자신을 돌아보며, 하나님을 깊이 묵상하는 시간을 정기적으로 갖는 것이라고 말합니다.

나보다 앞서서 내 삶을 인도하셨던 하나님을 회상하며, 현재도 그리고 앞으로 모든 날도 하나님이 인도하실 것을 믿고 기대하며 사는 우리의 삶이 되기를 소망합니다.

오늘의 기도

나 자신을 돌아보는 일에 게으르지 않게 하소서.

09 구약

그때 그래야만 했었구나 …

신명기 3장 23–29절

23. 그 때에 내가 여호와께 간구하기를
24. 주 여호와여 주께서 주의 크심과 주의 권능을 주의 종에게 나타내시기를 시작하셨사오니 천지간에 어떤 신이 능히 주께서 행하신 일 곧 주의 큰 능력으로 행하신 일 같이 행할 수 있으리이까
25. 구하옵나니 나를 건너가게 하사 요단 저쪽에 있는 아름다운 땅, 아름다운 산과 레바논을 보게 하옵소서 하되
26. 여호와께서 너희 때문에 내게 진노하사 내 말을 듣지 아니하시고 내게 이르시기를 그만해도 족하니 이 일로 다시 내게 말하지 말라
27. 너는 비스가 산 꼭대기에 올라가서 눈을 들어 동서남북을 바라고 네 눈으로 그 땅을 바라보라 너는 이 요단을 건너지 못할 것임이니라

신명기 3장 23절 이하에는 모세가 하나님 앞에 간구하는 말씀이 나옵니다. 모세는 요단강을 건너 가나안 땅에 들어가게 해달라고 말합니다. 하나님께서는 이렇게 말씀하십니다. "여호와께서 너희 때문에 내게 진노하사 내 말을 듣지 아니하시고 내게 이르시기를 그만해도 족하니 이 일로 다시 내게 말하지 말라"(신 3:26)

하나님은 이미 모세가 가나안에 들어가지 못할 것이라고 말씀하셨습니다. 모세가 가나안 땅에 들어가지 못하는 이유를 민수기 20장에서 말씀하고 있습니다. 하나님의 말씀을 따르지 않고 자기 마음대로 분노하며 반석을 내리쳤던 사건 때문입니다. 모세의 모습이 하나님의 거룩을 나타내지 않은 것입니다(민 20:12).

이 외에도 사람들은 모세가 가나안 땅에 들어가지 못한 것을 십계명 돌판을 깬 일, 혹은 가나안 땅 정탐이 백성들의 요구였는데 모세가 하나님께 묻

지 않고 백성들의 요구를 받아들였기 때문이라고 말합니다. 혹자는 출애굽기 24장에서 모세만 올라오라고 했는데 이스라엘 장로 칠십 인을 함께 데리고 올라왔던 일 때문이라고 말하기도 합니다.

이러한 이유가 다 맞을 수도 있고, 그렇지 않을 수도 있습니다. 그리고 우리가 하나 더 생각해 볼 수 있는 것은 모세를 거기까지 쓰시는 것이 하나님의 뜻이라는 것입니다. 오랜 시간 신앙생활을 하면서 느끼는 것은 모든 일에는 하나님의 뜻이 있다는 것입니다. 우리가 보기에 좋은 일이든, 나쁜 일이든 말입니다. 우리의 눈에는 불가능하고 어렵지만 하나님께서는 허락하시고, 가장 선한 곳으로 이끄신다는 것입니다.

시간이 지나면 우리는 하나님의 일에 놀라움은 느낍니다. 하나님의 인도하심을 확인하고 고개를 끄덕일 수밖에 없는 것입니다. "이 일이 왜 일어났는가? 그는 왜 나에게 그렇게 한 걸까?" 하던 물음은 시간이 지난 후에 스스로 답하게 됩니다. "그때 그래야만 했었구나" 하고 말입니다.

성도의 삶은 실패를 하든지, 성공을 하든지 간에 모든 과정을 통해 하나님께로 조금씩 가까이 가는 과정입니다. 그러니 눈에 보이는 성공을 자랑할 필요도 없고, 실패에 좌절하고 낙망할 이유도 없습니다. 우리에게 주어진 길을 묵묵하게 걸어가는 것입니다. 오직 주님만을 향하는 우리의 모습이 되기를 소망합니다.

오늘의 기도

그때 그래야만 했던 이유, 하나님의 섭리를 깨닫고 발견하며 살게 하소서.

10 구약

신자의 정체성

신명기 26장 16–19절

16. 오늘 네 하나님 여호와께서 이 규례와 법도를 행하라고 네게 명령하시나니 그런즉 너는 마음을 다하고 뜻을 다하여 지켜 행하라
17. 네가 오늘 여호와를 네 하나님으로 인정하고 또 그 도를 행하고 그의 규례와 명령과 법도를 지키며 그의 소리를 들으라
18. 여호와께서도 네게 말씀하신 대로 오늘 너를 그의 보배로운 백성이 되게 하시고 그의 모든 명령을 지키라 확언하셨느니라
19. 그런즉 여호와께서 너를 그 지으신 모든 민족 위에 뛰어나게 하사 찬송과 명예와 영광을 삼으시고 그가 말씀하신 대로 너를 네 하나님 여호와의 성민이 되게 하시리라

하나님께서는 왜 이스라엘을 선택하셨을까요? 그러면 이스라엘은 어떻게 살아야 할까요? 그리고 그들에게 삶의 축복은 무엇일까요? 성경은 그러한 질문에 답하고 있습니다.

하나님께서 이스라엘을 선택하신 이유에 대하여 이렇게 말씀하십니다. "여호와께서도 네게 말씀하신 대로 오늘 너를 그의 보배로운 백성이 되게 하시고 그의 모든 명령을 지키라 확언하셨느니라. 그런즉 여호와께서 너를 그 지으신 모든 민족 위에 뛰어나게 하사 찬송과 명예와 영광을 삼으시고 그가 말씀하신 대로 너를 네 하나님 여호와의 성민이 되게 하시리라"(신 26:18-19)

하나님의 보배로운 백성, 여호와의 성민은 이렇게 살아야 합니다. "오늘 네 하나님 여호와께서 이 규례와 법도를 행하라고 네게 명령하시나니 그런즉 너는 마음을 다하고 뜻을 다하여 지켜 행하라. 네가 오늘 여호와를 네 하나님으로 인정하고 또 그 도를 행하고 그의 규례와 명령과 법도를 지키며 그

의 소리를 들으라"(신 26:16-17)

하나님의 성민이 되어 마음을 다하고 뜻을 다하여 여호와의 말씀을 듣고 지키며 순종하는 자에게 하나님은 말씀하십니다. "네가 네 하나님 여호와의 말씀을 삼가 듣고 내가 오늘 네게 명령하는 그의 모든 명령을 지켜 행하면 네 하나님 여호와께서 너를 세계 모든 민족 위에 뛰어나게 하실 것이라. 네가 네 하나님 여호와의 말씀을 청종하면 이 모든 복이 네게 임하며 네게 이르리니 성읍에서도 복을 받고 들에서도 복을 받을 것이며 네 몸의 자녀와 네 토지의 소산과 네 짐승의 새끼와 소와 양의 새끼가 복을 받을 것이며 네 광주리와 떡 반죽 그릇이 복을 받을 것이며 네가 들어와도 복을 받고 나가도 복을 받을 것이니라"(신 28:1-6)

이러한 것은 마치 기복주의 신앙처럼 보일지도 모르겠습니다. 그러나 누군가가 만든 방법이 아니라 하나님의 말씀이기에 우리는 믿고 순종해야 합니다.

신자의 정체성을 잊지 말고 하나님께서 나를 보배로운 존재로, 택한 백성으로 부르셨음을 기억해야 합니다. 그리고 하나님의 말씀을 순종하기 위하여 몸부림치는 자들에게 반드시 은혜와 평강을 주신다는 것을 확신하기를 소망합니다.

오늘의 기도

보배로운 하나님의 백성이라는 정체성을 놓치지 않게 하소서.

11
구약

신앙의 마디

여호수아 5장 13-15절

13. 여호수아가 여리고에 가까이 이르렀을 때에 눈을 들어 본즉 한 사람이 칼을 빼어 손에 들고 마주 서 있는지라 여호수아가 나아가서 그에게 묻되 너는 우리를 위하느냐 우리의 적들을 위하느냐 하니
14. 그가 이르되 아니라 나는 여호와의 군대 대장으로 지금 왔느니라 하는지라 여호수아가 얼굴을 땅에 대고 엎드려 절하고 그에게 이르되 내 주여 종에게 무슨 말씀을 하려 하시나이까
15. 여호와의 군대 대장이 여호수아에게 이르되 네 발에서 신을 벗으라 네가 선 곳은 거룩하니라 하니 여호수아가 그대로 행하니라

거센 폭풍우 바람이 불면 집채만 한 나무들도 쉬 넘어갑니다. 그런데 몸집이 크지도 않은데도 절대 꺾이지 않는 나무가 있습니다. 그것은 바로 대나무입니다. 대나무가 거센 폭풍우에 쉬 꺾이지 않는 이유는 "대나무 마디" 때문입니다.

여호수아 6장에는 우리에게 익숙한 "여리고 성" 사건이 기록되어 있습니다. 여리고성 사건을 잘 아는 이유는 정말 놀라운 하나님의 기적을 이야기하고 있기 때문입니다. 여리고 성은 백성들이 하루에 한 번씩 돌다가 일곱째 날에는 일곱 번 돈 후에 크게 소리 지르자 무너졌습니다.

신자들이 이 말씀을 좋아하는 이유가 무엇일까요? 여러 가지 이유가 있겠지만 우리의 삶도 이렇게 힘들이지 않고 잘 풀렸으면 좋겠다는 마음이 있어서 그런 건 아닌지 모르겠습니다.

하나님께서 이스라엘에게 기적을 베푸신 이유는 하나님이 어떤 분이신

가를 알려주시면서 동시에 하나님의 백성들이 하나님께 순종하게 하시려는 데 그 목적이 있습니다. 그래서 여호수아 5장 13절 이하에서 여호와의 군대 대장이 여호수아에게 "네 발에서 신발을 벗으라"라고 명령한 것입니다.

신앙생활에서 가장 어려운 것이 무엇일까요? 바로 "온전한 순종과 복종"입니다. 만약 이것이 쉽다면 성경이 그렇게 강조하지 않을 것입니다. 하나님 앞에 무릎 꿇는 것이 그 어떤 것에 무릎 꿇는 것보다 나은 일이며, 마땅한 일이라는 것을 잊지 말아야 할 것입니다.

순종과 복종은 어려운 일이지만 그것만큼 신앙의 마디를 자라게 하는 것은 없습니다. 우리 신앙의 마디마디가 삶 속의 순종을 통하여 잘 만들어진다면 내 삶은 꺾이지 않는, 그 누구도 꺾을 수 없는 인생이 될 것입니다. 온전하게 주님을 신뢰하고 순종하는 삶이 되기를 소망합니다.

오늘의 기도

내 삶에 순종이, 온전한 복종이 있게 하소서. 그래서 믿음의 마디가 많아지게 하소서.

12 구약

공동체를 위하여

여호수아 22장 1-6절

1. 그 때에 여호수아가 르우벤 사람과 갓 사람과 므낫세 반 지파를 불러서
2. 그들에게 이르되 여호와의 종 모세가 너희에게 명령한 것을 너희가 다 지키며 또 내가 너희에게 명령한 모든 일에 너희가 내 말을 순종하여
3. 오늘까지 날이 오래도록 너희가 너희 형제를 떠나지 아니하고 오직 너희의 하나님 여호와께서 명령하신 그 책임을 지키도다
4. 이제는 너희의 하나님 여호와께서 이미 말씀하신 대로 너희 형제에게 안식을 주셨으니 그런즉 이제 너희는 여호와의 종 모세가 요단 저쪽에서 너희에게 준 소유지로 가서 너희의 장막으로 돌아가되
5. 오직 여호와의 종 모세가 너희에게 명령한 명령과 율법을 반드시 행하여 너희의 하나님 여호와를 사랑하고 그의 모든 길로 행하며 그의 계명을 지켜 그에게 친근히 하고 너희의 마음을 다하며 성품을 다하여 그를 섬길지니라 하고
6. 여호수아가 그들에게 축복하여 보내매 그들이 자기 장막으로 갔더라

한국기독교의 역사를 보면 초창기 복음전파가 육지보다 섬에 더 빨랐습니다. 육지는 쇄국 정책이 강했으나 이에 비하여 섬은 느슨했고, 당시 선교사들의 주 이동수단도 배였기 때문에 접근하기에 좋았습니다. 백령도와 강화도는 비교적 빠르게 복음을 받아들였던 곳입니다.

기독교문화유적 답사로 강화도를 찾았을 때 홍의교회 종순일 성도, 나중에 목사가 된 그에 관한 이야기를 들었습니다. 당시 엄청난 부자였던 그는 예수님을 영접하고 나서 성경을 읽다가 마태복음 18장의 탕감 받은 종의 비유와 19장의 부자 청년에 관한 말씀에 깊은 감명을 받았습니다. 말씀대로 살기 위하여 당시 자신에게 빚지고 있던 사람들의 채무를 모두 탕감해 주었다고 합니다. 이런 모습은 그뿐만 아니라 많은 기독교인이 노비 문서를 불태우

고, 그들에게 세간까지 내어주었다고 하니 전형적인 초대교회의 모습이 한국 교회 초기에 나타났던 것을 봅니다.

여호수아 22장에는 가나안을 정복하면서 먼저 땅을 분배받은 르우벤, 갓, 므낫세 반 지파가 나머지 다른 지파들을 위하여 함께 가나안 정복 전쟁에 참여했습니다. 여호수아는 그들에게 이렇게 말합니다. "오늘까지 날이 오래도록 너희가 너희 형제를 떠나지 아니하고 오직 너희의 하나님 여호와께서 명령하신 그 책임을 지키도다"(수 22:3)

가나안 땅 정복의 쉽지 않은 여정을 이스라엘 백성들은 함께 하면서 완성해 갑니다. 이것은 오늘 우리가 이 땅을 살면서 가져야 할 중요한 신앙의 모습을 보여 주고 있습니다. 우리가 이 땅에서 어떻게 서로에게 도움이 되고, 짐을 함께 질 수 있는가 하는 말씀입니다.

교회는 곧 공동체입니다. 공동체의 유익은 함께 할 수 있다는 것이고, 함께하기 위하여 우리가 해야 할 일이 있다면 서로에게 도움을 주고 함께 짐을 지는 것입니다. 우리의 공동체가 사랑으로 온전하게 세워지기를 소망합니다.

공동체를 세우기 위해 지금 내가 헌신해야 할 것이 무엇인지 알게 하소서.

13 구약

내가 들고, 불고, 깨뜨려야 할 것은

사사기 7장 2절

2. 여호와께서 기드온에게 이르시되 너를 따르는 백성이 너무 많은즉 내가 그들의 손에 미디안 사람을 넘겨 주지 아니하리니 이는 이스라엘이 나를 거슬러 스스로 자랑하기를 내 손이 나를 구원하였다 할까 함이니라

2007년에 개봉된 '300'이라는 영화가 있습니다. 이 영화는 B.C 480년 페르시아의 크세르크세스(에스더에 등장하는 아하수에르) 왕이 100만의 군대를 이끌고 그리스를 침공하였다가 스파르타의 300 용사와 싸웠던 테르모필레 전투에 관한 이야기입니다.

크세르크세스는 이후 살라미스, 플라타에아, 미칼레 전투에서 잇달아 패하고 결국 그리스 원정에 실패하는데, 그 이유가 테르모필레에서 스파르타의 300 용사와 싸우면서 너무나 많은 전력을 손실했기 때문입니다. 그래서 역사는 가장 뛰어난 전사들을 칭할 때 언제나 '스파르타의 300 용사'를 기억하고 있습니다.

성경에 '기드온의 300 용사'가 등장합니다. 스파르타의 300 용사와 기드온의 300 용사는 다른 것이 있습니다. 스파르타의 300 용사가 가장 훌륭한 전사들로 선별이 되었다면, 기드온의 300 용사는 그냥 숫자를 줄이고 줄이다가 만들어진 용사들이기 때문입니다. 지금처럼 가공할만한 전쟁 무기가 없던 시대에 전쟁에서 중요한 것은 군사의 숫자인데, 하나님은 삼만 이천 명의 군사를 삼백 명으로 줄이십니다. 그리고 그 적은 숫자를 가지고 엄청난 미디안의 군대와 싸우게 합니다.

하나님은 왜 그렇게 하셨을까요? 이유는 간단합니다. "주님께서 기드온에게 말씀하셨다. 네가 거느린 군대의 수가 너무 많다. 이대로는 내가 미디안 사람들을 네가 거느린 군대의 손에 넘겨 주지 않겠다. 이스라엘 백성이 나를 제쳐놓고서, 제가 힘이 세어서 이긴 줄 알고 스스로 자랑할까 염려된다"(삿 7:2 표준새번역)

기드온의 300 용사가 미디안의 대군과 싸움에서 승리할 수 있었던 것은 그들의 전투 능력 때문이 아니었습니다. 그들은 칼 한 번 사용하지 않고 오직 나팔과 빈 항아리, 그리고 횃불로 승리하였기 때문입니다. 기드온의 승리는 군사력이 아니었습니다. 그것은 오직 하나님의 은혜였습니다.

여기서 우리가 놓치지 말아야 할 것이 있습니다. 그것은 그들이 횃불을 들었다는 것입니다. 그들이 나팔을 불었다는 것이고, 그들이 항아리를 깨뜨렸다는 것입니다. 전쟁은 하나님께 있습니다(삼상 17:46). 그러나 동시에 우리가 횃불을 들어야 하고, 우리가 나팔을 불어야 하며, 우리가 항아리를 깨뜨려야 합니다. 말씀대로 행동할 때 그 승리가 하나님에게서 온 것임을 깨닫게 됩니다.

하나님의 역사를 보기 위하여 내가 들어야 할 횃불은 무엇입니까? 하나님의 은혜를 보기 위하여 불어야 할 나팔은 무엇입니까? 하나님의 것으로 채우기 위하여 깨뜨려야 할 나의 항아리는 무엇입니까? 자신에게 질문하고, 돌아보는 시간이 되기를 소망합니다.

오늘의 기도

주님 앞에 쓰임 받는, 주님의 은혜를 아는 용사가 되게 하소서.

14 구약

사랑과 희생을 통해 만들어지는 역사

룻기 1장 16절

16. 룻이 이르되 내게 어머니를 떠나며 어머니를 따르지 말고 돌아가라 강권하지 마옵소서 어머니께서 가시는 곳에 나도 가고 어머니께서 머무시는 곳에서 나도 머물겠나이다 어머니의 백성이 나의 백성이 되고 어머니의 하나님이 나의 하나님이 되시리니

룻기가 쓰여진 시대는 사사 시대입니다. 사사기의 암흑 속에서도 하나님은 하나님의 역사를 쓰고 계셨고, 빛나는 하나님의 사람들이 존재했다는 것을 우리에게 알려주는 것이 룻기 입니다.

잘 먹고 잘살기 위해 남편 엘리멜렉을 따라 모압으로 내려간 나오미는 거기서 남편과 두 아들을 잃고 고향으로 돌아오게 됩니다. 그 과정에서 모압 며느리인 룻은 "어머니의 백성이 나의 백성이 되고, 어머니의 하나님이 나의 하나님이 되시리니"(룻 1:16)라며 자신의 고향으로 돌아가지 않고 나오미를 따라옵니다.

베들레헴으로 돌아온 나오미와 룻은 하나님의 놀라운 섭리 가운데 '보아스'라는 성품 좋은 사람을 만나게 됩니다. 보아스는 당시 이스라엘의 아주 중요한 사상인 고엘, 즉 기업 무를 자였습니다. 기업 무를 자는 형제나 가까운 친척 중에서 가난하여 땅을 잃어버리거나 노예가 된 사람을 해방시켜 주는 사람입니다. 또한 형제나 친척이 자식 없이 죽었을 경우 과부와 혼인하여 대가 끊어지지 않도록 해주는 존재이기도 했습니다. 보아스는 엘리멜렉 가문의 기업 무를 자의 우선순위에 있지 않았습니다. 더 가까운 친척이 있었기 때문입니다. 그래서 보아스는 더 가까운 친척에게 엘리멜렉 가문을 이어줄 기업

을 무르겠느냐고 물었습니다. 그러나 자신의 재산상에 손해가 올까 봐 기업 무를 권리를 포기합니다. 보아스는 룻과 결혼합니다.

남편을 잃고도 시어머니를 봉양하기 위하여 그의 고향으로 따라온 룻의 모습은 사랑과 희생이었습니다. 또한 재산상의 손해가 있음에도 불구하고 기업 무를 자가 되어 룻과 결혼한 보아스의 모습도 사랑과 희생이었습니다. 그와 같은 사랑과 희생으로 말미암아 그 가문의 후손으로 다윗이 태어납니다. 그리고 그 후손으로 예수님이 육신을 입고 오십니다. 하나님 나라의 놀라운 역사는 그렇게 사랑과 희생으로 만들어졌습니다.

"사랑과 희생", 사랑하기가 무척 어렵고, 희생은 더욱 어렵지만 이를 통해 우리의 후손이 다윗과 같은 존재가 될 줄 믿습니다. 우리가 다윗과 같은 사람의 선조가 될 것이며, 룻이 이방 여인임에도 불구하고 성경에 기록된 것처럼, 우리도 하나님의 계획과 섭리 속에서 아름답게 쓰임 받는 사람이 될 것을 믿습니다.

"사랑과 희생"으로 역사를 만들어가는 오늘이 되기를 소망합니다.

오늘의 기도

주님의 사랑을 기억하고, 그 사랑으로 다른 사람을 위해 희생하고 사랑하게 하소서.

15

구약

하나님의 영이 떠난 사람

사무엘상 18장 7절

7. 여인들이 뛰놀며 노래하여 이르되 사울이 죽인 자는 천천이요 다윗은 만만이로다 한지라

사무엘상 17장에는 성경에 기록된 가장 유명한 사건 가운데 하나가 등장합니다. 바로 다윗과 골리앗의 싸움입니다. 하나님의 군대인 이스라엘이 블레셋에게 모욕을 당합니다. 그들의 눈에 보이는 장대한 거인, 전쟁에 능한 장수 골리앗이 있었기 때문입니다.

수많은 전쟁에서 하나님으로 말미암아 승리했던 이스라엘이 하나님을 보지 못하고 사람만 보이니 두려움과 공포가 밀려와 꼼짝하지 못하는 것입니다. 모욕과 망신을 당하는 것입니다. 이런 상황 속에서 하나님을 보았던 다윗은 모욕을 참을 수 없었습니다.

"이 할례 받지 않은 블레셋 사람이 누구이기에 살아계신 하나님의 군대를 모욕하겠느냐"(삼상 17:26)

놀라운 것은 그것을 본 그의 형 엘리압이 오히려 다윗을 시기하며 면박을 주고 있습니다. 그리고 이어지는 사무엘상 18장에는 사울 왕이 다윗을 시기하고 의심하기 시작하는 사건이 등장합니다. 성경에서는 그 이유를 여인들의 노래로 인함이라고 말하고 있습니다.

"사울이 죽인 자는 천천이요 다윗은 만만이로다"(삼상 18:7)

그런데 이 표현은 히브리어의 평행법을 고려할 때 '사울과 다윗이 많은 사람을 죽였다'라는 뜻이라고 합니다. 사실상 별 것 아닌 내용인데 사울에게

하나님의 영이 떠나니(삼상 16:14) 부정적으로만 들리는 것입니다.

하나님의 영이 떠난 사람들, 하나님을 보지 못하고 사람만 보는 사람들의 특징이 있습니다. 그들은 늘 두려워합니다. 그 두려움으로 인하여 늘 시기심으로 누군가를 바라봅니다. 시기심으로 가득하기에 어떤 것도 좋게 보지 못하고 불만과 불평으로 살아갑니다. 내 안에 불평과 불만이 가득하다면, 누군가를 바라볼 때 시기심으로 얼룩져 있다면, 무엇인가 모를 두려움에 걱정하고 염려하고 있다면, 그것은 지금 내가 하나님을 보지 못하기 때문입니다. 데살로니가 5장 19절이 말씀하는 것처럼 하나님의 거룩하신 영인 성령을 소멸하듯 성령의 임재 가운데 세워져 있지 않기 때문입니다.

내 안에 두려움이 있다면, 내 안에 시기심이 있다면, 내 안에 불평과 불만이 가득 차 있다면 하나님의 영이 떠나가듯, 하나님과 멀어져 있는 것입니다. 나의 중심이 올바로 서서 하나님을 느끼고, 나의 시선이 세상이나 사람이 아닌 하나님만 바라보는 믿음의 사람이 되기를 소망합니다.

오늘의 기도

하나님의 영이 떠난 것처럼 살지 않게 하소서.

16

구약

올챙이로 살자

사무엘하 5장 17-25절

20. 다윗이 바알브라심에 이르러 거기서 그들을 치고 다윗이 말하되 여호와께서 물을 흩음 같이 내 앞에서 내 대적을 흩으셨다 하므로 그 곳 이름을 바알브라심이라 부르니라
21. 거기서 블레셋 사람들이 그들의 우상을 버렸으므로 다윗과 그의 부하들이 치우니라
22. 블레셋 사람들이 다시 올라와서 르바임 골짜기에 가득한지라
23. 다윗이 여호와께 여쭈니 이르시되 올라가지 말고 그들 뒤로 돌아서 뽕나무 수풀 맞은편에서 그들을 기습하되
24. 뽕나무 꼭대기에서 걸음 걷는 소리가 들리거든 곧 공격하라 그 때에 여호와가 너보다 앞서 나아가서 블레셋 군대를 치리라 하신지라
25. 이에 다윗이 여호와의 명령대로 행하여 블레셋 사람을 쳐서 게바에서 게셀까지 이르니라

옛말에 "개구리 올챙이 적 생각을 못 한다"라는 말이 있습니다. 이 말은 부족했던 과거의 모습을 생각지 않고 마치 처음부터 잘난 듯이 행동하는 것을 이르는 말입니다. 세상에 올챙이 시절이 없었던 사람이 어디 있겠습니까? 그런데 많은 사람은 올챙이 시절을 빨리 잊고 싶어 합니다. 올챙이 시절은 왠지 부끄럽게 여겨지기 때문입니다.

사무엘하 5장에서 다윗은 온 이스라엘의 왕이 됩니다. 나이 30세에 새로운 왕조를 수립하여 왕이 되었으니 얼마나 대단합니까? 이쯤 되면 자신의 모습을 드러내놓고 자랑할 만큼 성공한 인생일 것입니다. 그러나 놀라운 것은 다윗은 왕이 된 후에도 변하지 않았다는 것입니다. 그가 여전히 하나님의 말씀을 듣고자 하고 또한 하나님의 말씀대로 순종한다는 것입니다.

"다윗이 주님께 아뢰었다. '제가 저 블레셋 사람들을 치러 올라가도 되겠

습니까? 주님께서 그들을 저의 손에 넘겨 주시겠습니까?' 주님께서 다윗에게 대답하셨다. '올라가거라, 내가 저 블레셋 사람들을 반드시 너의 손에 넘겨주겠다'"(삼하 5:19 표준새번역).

"다윗이 주님께 또 아뢰니, 주님께서 대답하셨다. '너는 정면으로 그들 쪽으로 올라가지 말고 그들의 뒤로 돌아가서 숨어 있다가 뽕나무 숲의 맞은 쪽에서부터 그들을 기습하여 공격하여라. 뽕나무밭 위쪽에서 행군하는 소리가 나거든 너는 곧 진격하여라. 그러면 나 주가 너보다 먼저 가서 블레셋 군대를 치겠다.' 다윗은 주님께서 명하신 대로 게바에서 게셀에 이르기까지 쫓아가면서 블레셋 군대를 무찔렀다"(삼하 5:23-25 표준새번역)

다윗의 탁월한 점은 끝까지 하나님 말씀을 듣고, 하나님 말씀에 순종하려고 했던 점일 것입니다. 자신의 힘으로 서서 자기 이름을 내려는 것이 아니라 끝까지 하나님을 의지하는 것입니다. 어떤 자리에 있든지 하나님 앞에서 올챙이의 모습, 연약한 나의 모습을 기억하고 하나님의 이름을 높여야겠습니다. 그것이 믿음이라는 것을 깨닫는 오늘이 되기를 소망합니다.

오늘의 기도

하나님만을 의지하는 신앙, 변하지 않는 믿음의 사람이 되게 하소서.

17 구약

나의 행위는 어떠한가?

사무엘하 22장 21-28절

24. 내가 또 그의 앞에 완전하여 스스로 지켜 죄악을 피하였나니
25. 그러므로 여호와께서 내 의대로, 그의 눈앞에서 내 깨끗한 대로 내게 갚으셨도다
26. 자비한 자에게는 주의 자비하심을 나타내시며 완전한 자에게는 주의 완전하심을 보이시며
27. 깨끗한 자에게는 주의 깨끗하심을 보이시며 사악한 자에게는 주의 거스르심을 보이시리이다
28. 주께서 곤고한 백성은 구원하시고 교만한 자를 살피사 낮추시리이다

중세교회는 행위를 구원의 원인으로 삼는 잘못을 저질렀습니다. 행위가 인간 구원의 원인이 된다면 예수님께서 이 땅에 오실 필요가 뭐가 있겠습니까? 동시에 우리는 구원을 받기 위하여 얼마만큼의 행위를 해야 안전한 범위에 들어갈 수 있겠습니까? 결국 행위를 통한 구원은 구원 자체의 기쁨과 감격을 상실하게 만듭니다.

오늘날의 기독교는 은혜를 너무 강조하다 보니 행위가 너무나 약화 되었습니다. 오직 은혜만을 외치며 행동하지 않는, 아니 그것을 부끄러워하지 않는 기독교인들을 쉽게 볼 수 있습니다. 이것에 대하여 키에르케고어는 "행위가 제거된 기독교는 중세보다 더 타락했다."라고 진단했습니다. 행위가 구원의 원인이나 근거는 될 수 없지만, 구원받은 신자에게 선한 행위는 하나님의 복이라는 사실을 알아야 합니다. 다윗은 이렇게 말하고 있습니다.

"여호와께서 내 공의를 따라 상 주시며(삼하 22:21), 여호와께서 내 의대로, 그의 눈앞에서 내 깨끗한 대로 내게 갚으셨도다"(삼하 22:25)

나아가 다윗은 "사람이 무엇으로 심든지 그대로 거두리라"(갈 6:7)라는 사도 바울의 말처럼 이 땅에서 심은 대로 거두는 원리를 이렇게 말씀하고 있습니다. "자비한 자에게는 주의 자비하심을 나타내시며 완전한 자에게는 주의 완전하심을 보이시며. 깨끗한 자에게는 주의 깨끗하심을 보이시며 사악한 자에게는 주의 거스르심을 보이시리 이다. 주께서 곤고한 백성은 구원하시고 교만한 자를 살피사 낮추시리 이다"(삼하 22:26-27)

누군가를 이해하고, 용납하는 자비로운 마음이 있습니까? 그렇다면 나의 삶도 누군가에게 이해를 받게 될 것이고, 용납되게 될 것입니다.

누군가에게 간사함과 이중성이 없이 깨끗합니까? 그렇다면 나의 삶도 누군가에게 있는 그대로, 사실 그대로의 대우를 받게 될 것입니다.

누군가를 비방하고, 나의 마음대로 조종하려는 사악한 마음은 없습니까? 그렇다면 나의 삶도 다른 이들의 비방과 사악한 마음으로부터 자유로울 것입니다.

누군가를 나의 잣대로 평가하고, 나의 기준에서 칼을 대는 교만한 마음은 없습니까? 그렇다면 나의 삶도 평가받고, 칼질을 당하지 않을 것입니다.

나는 축복을 만드는 행위 속에 살고 있습니까? 아니면 징계를 만드는 행위 속에 살고 있습니까?

돌아보고 깨닫기를 소망합니다.

오늘의 기도

나의 행위가 파괴하는 행위가 아니라 살리는 행위가 되게 하소서.

18
구약

추상적인 것을 버려라

열왕기상 18장 16-29절

19. 그런즉 사람을 보내 온 이스라엘과 이세벨의 상에서 먹는 바알의 선지자 사백오십 명과 아세라의 선지자 사백 명을 갈멜 산으로 모아 내게로 나아오게 하소서
20. 아합이 이에 이스라엘의 모든 자손에게로 사람을 보내 선지자들을 갈멜 산으로 모으니라
21. 엘리야가 모든 백성에게 가까이 나아가 이르되 너희가 어느 때까지 둘 사이에서 머뭇머뭇 하려느냐 여호와가 만일 하나님이면 그를 따르고 바알이 만일 하나님이면 그를 따를지니라 하니 백성이 말 한마디도 대답하지 아니하는지라
22. 엘리야가 백성에게 이르되 여호와의 선지자는 나만 홀로 남았으나 바알의 선지자는 사백오십 명이로다

열왕기상 18장 17절에서 엘리야를 만난 아합 왕은 이런 말을 합니다. "엘리야를 볼 때 아합이 그에게 이르되 이스라엘을 괴롭게 하는 자여 너냐"

"괴롭게 하는 자"라는 말은 "해롭게 하는 저주를 불러오는 사람"이라는 뜻입니다. 아합은 엘리야를 해로운 저주를 불러오는 자로 지칭을 하고 있습니다. 아합의 시선은 지극히 자기중심적으로 자신의 죄를 보지 못하고 있습니다.

열왕기상 18장 21절은 이렇게 말합니다. "엘리야가 모든 백성에게 가까이 나아가 이르되 너희가 어느 때까지 둘 사이에서 머뭇머뭇 하려느냐 여호와가 만일 하나님이면 그를 따르고 바알이 만일 하나님이면 그를 따를지니라 하니 백성이 말 한마디도 대답하지 아니하는지라"

얼마 전에 온라인에서 어느 목사님의 설교를 들었습니다. 그분은 우리

의 추상적인 신앙에 일침을 가하는 말씀을 전했습니다. "우리는 예수님의 제자로 산다고 말하지만, 제자로 산다는 것에 큰 부담이 없습니다. 왜냐하면 제자의 삶이 우리 안에 추상화 되어 있기 때문입니다. 오늘날 우리에게 우리의 모든 것을 주님께 드리겠다는 말은 그렇게 어려운 일이 아닙니다. 그것은 아무것도 드리지 않는다는 말과 똑같기 때문입니다. 우리는 주를 위해 나의 생명을 드리겠다고 말하지만 정작 우리의 시간을 드리지 못하고, 모든 것이 주의 것이라고 말하지만 정작 십일조는 드리지 못합니다. 추상적인 신앙의 내용을 삶에 구체화 시키는 것이 제자가 되는 삶입니다."

우리가 얼마나 추상적인 신앙과 실제적인 신앙 사이에서 머뭇거리고 있는지 모르겠습니다. 입으로만 떠드는 실제적이지 않은 추상적인 신앙은 어쩌면 신앙이 아닐지도 모르겠습니다.

하나님의 자녀로서 자신의 죄를 볼 수 있기를 소망합니다. 그리고 주님의 제자로서의 삶을 살겠다고 하면서도 여전히 추상적인 신앙, 입으로만 떠드는 신앙의 자리에 서 있는 것은 아닌지 생각해 봐야겠습니다. 추상적인 신앙에서 벗어나 실제적이고 행동하는 올바른 믿음의 자리로 움직이는 우리가 되기를 소망합니다.

오늘의 기도

모호하고 추상적인 것들에게서 벗어나게 하소서.

19 구약 부름 받은 자의 삶

열왕기상 19장 1-21절

19. 엘리야가 거기서 떠나 사밧의 아들 엘리사를 만나니 그가 열두 겨릿소를 앞세우고 밭을 가는데 자기는 열두째 겨릿소와 함께 있더라 엘리야가 그리로 건너가서 겉옷을 그의 위에 던졌더니
20. 그가 소를 버리고 엘리야에게로 달려가서 이르되 청하건대 나를 내 부모와 입맞추게 하소서 그리한 후에 내가 당신을 따르리이다 엘리야가 그에게 이르되 돌아가라 내가 네게 어떻게 행하였느냐 하니라
21. 엘리사가 그를 떠나 돌아가서 한 겨릿소를 가져다가 잡고 소의 기구를 불살라 그 고기를 삶아 백성에게 주어 먹게 하고 일어나 엘리야를 따르며 수종 들었더라

호렙산에서 하나님의 놀라운 역사로 승리했지만, 왕비 이세벨의 위협으로 인해 광야로 도망하여 로뎀 나무 밑에 앉아있는 엘리야가 있습니다. 그는 이렇게 말합니다. "자기가 죽기를 원하여 이르되 여호와여 넉넉하오니 지금 내 생명을 거두시옵소서 나는 내 조상들보다 낫지 못하니이다"(왕상 19:4)

엘리야는 죽고 싶은 마음이 들 정도로 절망에 빠져 있습니다. 그가 얼마나 절망하였던지 두 번이나 반복하여 "오직 나만 남았거늘"(왕상 19:10, 13)이라고 말합니다.

왜 하나님은 엘리야를 이와 같은 상황 속에 놓아두시는 것일까요? 재미있는 것은 엘리야는 "오직 나만 남았다"고 말하는데, 하나님은 너와 같은 이들이 칠천 명이나 더 있다(18절)고 말씀하십니다. 그리고는 엘리야가 해야 할 일을 알려주십니다. 하나님께서 엘리야를 통하여 엘리사를 부를 때 그의 반응이 참 놀랐습니다. "엘리사는 소를 버려두고, 엘리야에게로 달려와서 말하

였다. 아버지와 어머니에게 작별 인사를 드린 뒤에, 선생님을 따르겠습니다. 엘리사는 엘리야를 떠나 돌아가서, 겨릿소를 잡고, 소가 메던 멍에를 불살라서 그 고기를 삶고, 그것을 백성에게 주어서 먹게 하였다. 그런 다음에, 엘리사는 곧 엘리야를 따라가서, 그의 제자가 되었다"(왕상 19:20, 21 표준새번역)

엘리야는 엘리사의 모습에서 무엇을 보았을까요? 엘리야는 엘리사의 모습에서 소명을 다시 발견하지 않았을까요? 주의 부르심에 기꺼이 부모와 작별하고, 자신의 과거를 완전히 청산하기 위하여 모든 재산인 소를 잡고, 농기구를 불살라서 고기를 굽는 모습에서 말입니다.

목회자로 이 땅을 살면서 느끼는 솔직한 감정 중 하나가 있습니다. 어떤 때는 모든 사람이 내 편인 것 같은데, 또 어떤 때는 아무도 내 편이 없는 것 같은 감정을 느낀다는 것입니다. 그런데 말씀 속에서 엘리야가 "오직 나만 남았다"고 말할 때 너만 그런 삶을 사는 것이 아니라는 것을 알게 하십니다. 어떤 이는 부모와 작별하고, 자신의 모든 소유를 불태울 만큼 부르심에 기쁨으로 반응하는 이들도 있습니다. 무엇보다 여전히 엘리야와 함께 계시는 하나님은 지금도 나와 함께 하신다는 것을 깨닫게 합니다.

"왜 나만"이라는 마음이 들 때, 어떻게 마음을 다잡아야 할 것인가를 생각해 봅니다. 그리고 하나님께 부름을 받은 자로 내가 작별하고 불태워야 할 것이 무엇인지를 돌아보는 삶이 되기를 소망합니다.

오늘의 기도

환경과 상황이 나빠도, 두려운 마음이 있어도 주님을 놓치지 않게 하소서.

20 구약

수넴 여인처럼

열왕기하 4장 8–15절

11. 하루는 엘리사가 거기에 이르러 그 방에 들어가 누웠더니
12. 자기 사환 게하시에게 이르되 이 수넴 여인을 불러오라 하니 곧 여인을 부르매 여인이 그 앞에 선지라
13. 엘리사가 자기 사환에게 이르되 너는 그에게 이르라 네가 이같이 우리를 위하여 세심한 배려를 하는도다 내가 너를 위하여 무엇을 하랴 왕에게나 사령관에게 무슨 구할 것이 있느냐 하니 여인이 이르되 나는 내 백성 중에 거주하나이다 하니라
14. 엘리사가 이르되 그러면 그를 위하여 무엇을 하여야 할까 하니 게하시가 대답하되 참으로 이 여인은 아들이 없고 그 남편은 늙었나이다 하니
15. 이르되 다시 부르라 하여 부르매 여인이 문에 서니라

하나님의 사람 엘리사는 요단강과 갈멜산 지역을 오가면서 사역했습니다. 이 두 지역의 중간이 수넴인데, 그곳에서 엘리사를 섬기는 한 여인을 만났습니다. 열왕기하 4장 8절은 그 여인을 "귀한 여인"으로 표현하고 있습니다. 새번역 성경에서는 "부유한 여인"이라고 번역하고 있습니다. 그런데 귀하고 부유한 이 여인의 이름을 성경은 기록하고 있지 않습니다.

수넴 여인은 하나님의 사람인 엘리사가 요단강과 갈멜산 지역을 오가며 사역할 때 그를 자신의 집에서 기숙할 수 있도록 했습니다. 성경은 그녀의 섬김을 "세심한 배려"(왕하 4:13)라고 표현하고 있습니다. 엘리사는 그녀의 헌신이 고마워서 시종 게하시에게 무엇을 해주면 좋을지 그녀에게 물어보게 합니다. 그녀는 "저는 저의 백성과 한데 어울려 잘 지내고 있습니다."라는 말로 자신이 한 일은 무엇인가를 얻기 위하여 한 일이 아니라는 것을 표현하고

있습니다. 그녀의 헌신은 말 그대로 조건이 없는 순수한 헌신이었습니다. 수넴 여인의 세심한 배려와 순수한 헌신에 감동한 게하시는 그녀에게 아들이 없음을 알고, 이것을 엘리사에게 전합니다. 엘리사는 그녀를 불러 말합니다. "한 해가 지나 이때쯤에 네가 아들을 얻으리라"(왕하 4:16)라고 말입니다.

엘리사의 말처럼 여인은 아들을 낳았고, 그 아들은 잘 자랐습니다. 그런데 어느 날 갑자기 아들이 죽습니다. 그 고통스러운 사건 앞에서 수넴 여인은 아들의 시신을 가져다 엘리사의 침상에 눕힙니다. 그리고 엘리사에게 달려갑니다. 정황을 살펴보면 그녀는 남편에게 아들의 죽음을 알리지도 않았습니다. 남편에게 알리지도 않고 엘리사에게 달려간 것은 문제의 해결점이 어디에 있는가를 알았기 때문입니다. 그녀는 하나님의 사람 엘리사가 자신의 아들을 살릴 수 있다는 확신이 있었습니다.

나의 헌신은 수넴 여인처럼 순수한 헌신인지 생각해봅니다. 그리고 수넴 여인처럼 내 삶의 모든 문제의 해결점이 오직 주님께 있음을 인식하고 있는지 돌아보는 삶이 되기를 소망합니다.

오늘의 기도

진정한 헌신, 삶의 문제에 대한 진정한 해결점을 알게 하소서.

21
구약

내가 만드는 길이 어떤 길인가?

열왕기하 13장 1-9절

1. 유다의 왕 아하시야의 아들 요아스의 제이십삼 년에 예후의 아들 여호아하스가 사마리아에서 이스라엘 왕이 되어 십칠 년간 다스리며
2. 여호와 보시기에 악을 행하여 이스라엘에게 범죄하게 한 느밧의 아들 여로보암의 죄를 따라가고 거기서 떠나지 아니하였으므로
3. 여호와께서 이스라엘에게 노하사 늘 아람 왕 하사엘의 손과 그의 아들 벤하닷의 손에 넘기셨더니
4. 아람 왕이 이스라엘을 학대하므로 여호아하스가 여호와께 간구하매 여호와께서 들으셨으니 이는 그들이 학대받음을 보셨음이라

늦은 밤이나 새벽에 운전하다 보면 신호를 지키지 않고 달리는 차가 많습니다. 오가는 사람이 없기에 굳이 신호를 지키지 않아도 된다고 생각하나 봅니다.

오래전에 있었던 일입니다. 새벽에 운전하다가 빨간 신호를 보고 정지했습니다. 그런데 뒤에서 오던 차가 빵빵거리면서 경적을 울리는 것입니다. 신호를 지키는 것이 마땅하기에 그대로 있었습니다. 그러자 차선을 바꾸려고 했습니다. 그 순간 옆 차선으로 다른 차가 섰습니다. 그 차 역시 신호를 지키기 위해 정차하고 움직이지 않았습니다. 또 다시 경적을 울리며 비키라는 신호를 보냈지만 움직이지 않았습니다. 운전자는 몇 번 더 경적을 울렸습니다. 왜 안 가느냐, 왜 신호를 지키느냐고 모두에게 항의하는 듯했습니다. 아무리 새벽이라고 해도 신호를 지킨 사람에게 경적을 울리는 것은 올바르지 않다는 생각이 들었습니다. 잠시 후 신호가 바뀌고 출발하게 되었습니다. 신호를 위반하려던 차량도 신호를 지킨 것입니다.

그 모습을 보면서 이런 생각이 들었습니다. 앞에 선 사람이 어떠한가에 따라 뒤에 오는 이들의 삶이 달라진다는 것입니다.

열왕기 말씀을 통독하면 자주 등장하는 표현이 있습니다. "여호와 보시기에 악을 행하여 이스라엘에게 범죄하게 한 느밧의 아들 여로보암의 죄를 따라가고 거기서 떠나지 아니하였으므로"(왕하 13:2), "그들이 이스라엘에게 범죄하게 한 여로보암 집의 죄에서 떠나지 아니하고 그 안에서 따라 행하며 또 사마리아에 아세라 목상을 그냥 두었더라"(왕하 13:6)

"느밧의 아들 여로보암"은 북이스라엘의 첫 번째 왕입니다. 분단된 북이스라엘의 왕인 여로보암은 하나님 앞에 정말 악한 왕이었습니다. 그를 시작으로 북이스라엘이 망하기까지 단 한 명도 선한 왕이 없었습니다.

중국 현대 문학을 대표하는 소설가이며 혁명가인 루쉰의 "고향"이라는 글에 이런 말이 있습니다. "본래 땅 위에는 길이 없었다. 한 사람이 먼저 가고 걸어가는 사람이 많아지면 그것이 곧 길이 되는 것이다."

그렇습니다. 한 사람이 먼저 가고 그 후 그곳을 걸어가는 사람이 많아지면 그곳이 곧 길이 되는 것입니다. 그래서 중요한 것은 맨 앞에 선 사람이 어디를 어떻게 걷는가 하는 것입니다.

우리는 모두 누군가의 앞에 서게 됩니다. 성도로서 뒤에 오는 다음 사람을 위해 어떤 길을 만들고 있습니까? 어떤 길을 걸어가고 있습니까? 삶을 돌아보며 바른 길로 가기 위해 힘쓰기를 소망합니다.

오늘의 기도

내가 걷고 있는 길을 돌아 보고, 내가 갈 길을 바라보게 하소서.

22 구약

하나님께서 세우시는 자

역대상 2장 1-15절

1. 이스라엘의 아들은 이러하니 르우벤과 시므온과 레위와 유다와 잇사갈과 스불론과
2. 단과 요셉과 베냐민과 납달리와 갓과 아셀이더라
3. 유다의 아들은 에르와 오난과 셀라니 이 세 사람은 가나안 사람 수아의 딸이 유다에게 낳아 준 자요 유다의 맏아들 에르는 여호와 보시기에 악하였으므로 여호와께서 죽이셨고
4. 유다의 며느리 다말이 유다에게 베레스와 세라를 낳아 주었으니 유다의 아들이 모두 다섯이더라

학교에서 그런 과제를 했던 것이 기억납니다. 자신의 가문을 조사하는 것이었습니다. 재미있는 것은 조사해 온 아이들 모두 양반 가문이라는 것이었습니다. 이것은 사실 주변을 살펴보아도 마찬가지입니다. 양반 가문이 아니라고 말하는 사람을 만나 본 적이 없으니 말입니다.

나중에 상급학교에 가서 그 이유를 알게 되었습니다. 조선 말기 상업이 발달하고 상대적으로 양반층이 몰락하면서 사람들이 족보를 사고팔았기 때문에 양반의 숫자가 급격히 늘어났던 것입니다. 누가 양반인지 아닌지를 구분할 수 없는 상태가 된 것입니다.

조선이 망하면서 변화된 신분제도는 새로운 시대를 만들었습니다. 족보가 아닌 새로운 신분이 만들어지는데 그것은 바로 돈과 명예였습니다. 자의든 타의든 어렵게 벗어난 신분제도를 또 다른 모양으로 나누고 있습니다. 다른 사람보다 높아지고 싶은 것은 사람이 가지고 있는 속성이자 한계인 것 같습니다. 사실 성경에도 이러한 신분과 족보에 관한 말씀이 여러 번 나옵니다.

역대상에 가장 많이 등장하는 것은 바로 사람의 이름입니다. 그래서 성경을 통독할 때 레위기와 민수기에서 위기를 한 번 겪고 역대상에서 또 한 번의 위기를 만난다고 합니다. 그만큼 재미없고 읽기 힘들다는 말일 것입니다.

역대상에서 재미있는 사실 하나는 이스라엘의 계보는 태어난 순서가 아니라는 것입니다. 야곱의 열두 명의 아들 가운데 장자는 르우벤 이지만, 그는 죄악으로 말미암아 장자의 권한을 잃고 요셉의 후손에게 넘어갑니다. 하나님 앞에 장자는 태어난 순서가 아니라는 것입니다. 그것은 하나님 앞에 어떻게 세워져 있는가 하는 것입니다. 하나님 앞에는 나중 된 자, 미련한 자, 부족한 자, 큰 자, 능력이 많은 자가 없습니다. 오직 하나님 앞에 자신을 올바로 세우는 자와 그렇지 않은 자가 있을 뿐입니다.

이새는 일곱 명의 아들이 있었습니다. 그중 하나님께서 선택하여 세운 아들은 막내인 다윗이었다. 그가 선택되는 과정에서 하나님은 이렇게 말씀하십니다. "나는 사람의 외모를 보지 않고 중심을 본다."라고 말입니다.

나의 중심이 하나님을 향하여 올바르게 세워지기를 소망합니다.

오늘의 기도

날마다 나의 중심을 살펴보고 점검하게 하소서.

23 구약 밑거름이 되어도 좋습니다

역대상 22장 1–19절

11. 이제 내 아들아 여호와께서 너와 함께 계시기를 원하며 네가 형통하여 여호와께서 네게 대하여 말씀하신 대로 네 하나님 여호와의 성전을 건축하며
12. 여호와께서 네게 지혜와 총명을 주사 네게 이스라엘을 다스리게 하시고 네 하나님 여호와의 율법을 지키게 하시기를 더욱 원하노라

다윗 왕이 가장 소망했던 일은 하나님의 성전을 건축하는 일이었습니다. 그런데 하나님은 다윗에게 이렇게 말씀하셨습니다. "여호와의 말씀이 내게 임하여 이르시되 너는 피를 심히 많이 흘렸고 크게 전쟁하였느니라 네가 내 앞에서 땅에 피를 많이 흘렸은즉 내 이름을 위하여 성전을 건축하지 못하리라"(대상 22:8)

다윗 왕의 간절한 소원이었지만, 그것이 하나님의 영광을 위한 것이지만, 하나님은 다윗의 소망을 허락하지 않으셨습니다. 그러나 놀라운 것은 다윗의 태도입니다. 크게 실망하고 마음에 상처로 인해 성전 건축을 더 이상 생각하지 않았을 것 같은데 그렇지 않았습니다. 다윗은 성전을 건축하기 위하여 준비했습니다. 다윗이 솔로몬에게 했던 말씀을 보면 잘 표현되어 있습니다. "내가 주님의 성전을 지으려고, 금 십만 달란트와, 은 백만 달란트를 준비하고, 놋과 쇠는 너무 많아서 그 무게를 다 달 수 없을 만큼 준비하고, 나무와 돌도 힘들여 준비하였다. 그러나 네가 여기에 더 보태야 할 것이다."(대상 22:14 표준새번역)

1달란트는 30kg의 무게입니다. 금을 십만 달란트 준비했다는 것은 3백

만kg을 준비했다는 것이고, 은을 백만 달란트를 준비했다는 것은 3천만kg을 준비했다는 것입니다. 이것은 정말 상상할 수 없는 양입니다. 열왕기상 10장 14절에 보면 솔로몬 왕국의 연간 세입이 금 666달란트라고 말하기 때문입니다. 이것은 다윗이 성전을 짓기 위해 150년에 해당하는 국세를 준비했다는 말이기 때문입니다.

다르게 보면 다윗 시대가 얼마나 부유했는지 생각해 볼 수 있는 부분입니다. 동시에 다윗이 이것을 준비하기 위해서 정말 많은 공을 들였다는 것도 생각하게 됩니다.

다윗은 왜 자신이 직접 지을 수도 없고, 볼 수도 없는 성전을 위해 이와 같은 준비와 희생을 하는 것일까요? 그것은 바로 하나님의 영광과 더불어 다음 세대를 생각하기 때문입니다. 하나님의 영광을 위하여 그리고 다음 세대를 위하여 스스로 밑거름이 된 것입니다.

우리는 하나님 나라를 위한 씨앗이 되고 있습니까? 다음 세대를 위하여 거름이 되고 있는지를 돌아보아야 합니다. 모두가 열매를 거두고, 주인공이 되고 싶은 시대를 살고 있습니다. 누군가의 희생이 없다면 아무것도 만들어지지 않을 것입니다. 내가 먼저 씨를 뿌리는 인생, 거름이 되는 인생이 되겠다고 결단해야 할 것입니다. 하나님 나라를 위하여, 그리고 다음 세대를 위하여 밑거름의 삶이 되기를 소망합니다.

오늘의 기도

하나님 나라를 위하여 밑거름이 되는 삶을 살며 소망을 잃지 않게 하소서.

24 구약 강도의 소굴이 되지 않으려면

역대하 7장 14절

14. 내 이름으로 일컫는 내 백성이 그들의 악한 길에서 떠나 스스로 낮추고 기도하여 내 얼굴을 찾으면 내가 하늘에서 듣고 그들의 죄를 사하고 그들의 땅을 고칠지라

하나님께서 하나님의 백성들에게 은혜를 주시는 방편이 있습니다. 그것은 말씀과 기도와 성례입니다. 이 세 가지 내용을 통하여 하나님은 신자에게 은혜를 주십니다.

성전이 건축되고 낙성식이 이루어지는 말씀이 역대하 5~7장까지 기록되어 있습니다. 그런데 성전이 건축되고 나서 솔로몬이 맨 처음 한 일이 무엇입니까? 그것은 바로 "기도"입니다. 솔로몬은 역대하 6장 12~42절을 통하여 하나님께 간절히 기도합니다. 하나님은 이렇게 응답하십니다. "내 이름으로 일컫는 나의 백성이 스스로 겸손해져서, 기도하며 나를 찾고, 악한 길에서 떠나면, 내가 하늘에서 듣고 그 죄를 용서하여 주며, 그 땅을 다시 번영시켜 주겠다."(대하 7:14 표준새번역)

하나님께서 하나님의 백성들에게 성전을 허락하신 이유는 "예배"를 위한 것입니다. 그리고 동시에 성도들의 간구, 즉 "기도"를 위한 것입니다. 이것은 오늘날 교회의 존재 목적과도 같습니다. 교회의 가장 큰 존재 목적은 예배이고, 또한 함께 기도하기 위함입니다.

예수님께서 공생애 기간에 무섭게 의분(義憤)을 내시는 사건이 있습니

다. 그것은 바로 성전을 정화하실 때입니다. 예수님께서 이렇게 말씀하십니다. "그들에게 이르시되 기록된 바 내 집은 기도하는 집이라 일컬음을 받으리라 하였거늘 너희는 강도의 소굴을 만드는도다 하시니라"(마 21:13)

만민이 기도하라고 성전을 허락하셨는데 성전에 기도가 없습니다. 성전은 사람들의 사고파는 행위와 그것을 통하여 이익을 얻으려는 매매꾼과 사기꾼들만 득실거리게 되었습니다. 존재의 목적을 잃어버리니 강도의 소굴이 된 것입니다.

오늘날도 마찬가지일 것입니다. 기도하지 않는 교회, 그곳은 강도의 소굴이 될 수 있습니다. 기도하지 않는 성도, 자칫 강도와 같은 존재가 될 수 있습니다.

사무엘상 12장 23절에 사무엘이 말합니다. "너희를 위하여 기도하기를 쉬는 죄를 범하지 않겠다"고 말입니다.

우리의 교회가 강도의 소굴이 되지 않기를 소망합니다. 내가 강도와 같은 신자가 되지 않기를 또한 소망합니다.

오늘의 기도

기도로 철저하게 낮아지며 하나님의 긍휼을 구하는 삶이 되게 하소서.

25
구약

하나님이 찾으시는 그 한 사람

역대하 16장 9절

9. 여호와의 눈은 온 땅을 두루 감찰하사 전심으로 자기에게 향하는 자들을 위하여 능력을 베푸시나니 이 일은 왕이 망령되이 행하였은즉 이 후부터는 왕에게 전쟁이 있으리이다 하매

열왕기와 역대기를 읽으면서 깨닫는 것이 있습니다. 그것은 하나님 보시기에 온전했던 왕들이 별로 없다는 것입니다. 그나마 괜찮았던 왕들도 나중에 나이가 들면서 달라지는 것을 봅니다.

역대하 14장부터 등장하는 아사 왕도 그러합니다. 아사 왕은 구스 사람 세라의 침공(대하 14:9)에 기도로 승리했던 사람입니다. 그의 기도는 읽을 때마다 가슴을 뛰게 합니다. "여호와여 힘이 강한 자와 약한 자 사이에는 주밖에 도와 줄 이가 없사오니...원하건대 사람이 주를 이기지 못하게 하옵소서"(대하 14:11)

아사 왕은 역대하 15장에서 놀라운 개혁 운동을 진행하는데 아세라 우상을 섬겼던 자신의 어머니까지도 태후의 자리에서 폐위시키면서 강력한 개혁을 진행했습니다. 성경은 이때부터 아사 왕 제 삼십오 년까지 전쟁 없이 평안하였다고(대하15:19) 말합니다.

하나님께 충성스럽던 아사 왕의 마지막 5년은 비참했습니다. 그는 이스라엘 왕 바아사의 침공 앞에 하나님을 의지하지 않고 아람 왕을 의지합니다. 선견자 하나니가 이 문제를 지적하자 회개하고 돌아서지 않고 그를 옥에 가

두어 버립니다. 다윗은 선지자 나단의 책망을 듣고 회개하고 돌아섰지만 아사는 그렇지 않았습니다. 구스사람 세라의 침공 때처럼 하나님께 간절히 기도했으면 좋았을 텐데 그는 기도하지 않았습니다. 그리고 그렇게 인생을 마감하게 됩니다.

아사 왕의 인생을 보면서 나의 삶은 그러지 말아야겠다고 다짐해보지만, 자신의 한계를 너무도 잘 알기에 두려움이 밀려옵니다. 그럼에도 불구하고 선견자 하나니가 아사를 찾아왔을 때 했던 말씀을 가슴에 담아 봅니다. "여호와의 눈은 온 땅을 두루 감찰하사 전심으로 자기에게 향하는 자들을 위하여 능력을 베푸시나니"(대하 16:9)

여기 '감찰하사'라는 단어는 '샅샅이 조사하다'라는 말입니다. 하나님은 온 땅을 샅샅이 조사하여 전심으로 하나님께 향하는 하나님의 사람을 찾으십니다. 그리고 하나님의 능력을 베푸십니다.

하나님이 샅샅이 조사하여 찾으시는 사람, 내가 그 사람이 되었으면 좋겠습니다. 하나님이 베푸시는 능력으로 살아가는 사람이 되었으면 좋겠습니다. 우리의 삶이 하나님의 찾으시는 그 한 사람이 되기를 소망합니다.

오늘의 기도

제 삶이 주님이 샅샅이 찾으시는 그 한 사람이 되게 하소서.

26 구약 일의 시작과 해결은 무릎이다

에스라 8장 21–23절

21. 그 때에 내가 아하와 강 가에서 금식을 선포하고 우리 하나님 앞에서 스스로 겸비하여 우리와 우리 어린 아이와 모든 소유를 위하여 평탄한 길을 그에게 간구하였으니
22. 이는 우리가 전에 왕에게 아뢰기를 우리 하나님의 손은 자기를 찾는 모든 자에게 선을 베푸시고 자기를 배반하는 모든 자에게는 권능과 진노를 내리신다 하였으므로 길에서 적군을 막고 우리를 도울 보병과 마병을 왕에게 구하기를 부끄러워 하였음이라
23. 그러므로 우리가 이를 위하여 금식하며 우리 하나님께 간구하였더니 그의 응낙하심을 입었느니라

사막에서 탁월한 이동 수단인 동물이 바로 낙타입니다. 낙타에겐 3가지의 탁월한 점이 있는데, 첫 번째는 긴 눈썹입니다. 긴 눈썹은 끝도 없이 불어오는 모래바람 속에서 길을 잃지 않고 나아가는데 도움을 줍니다. 두 번째로 커다란 혹을 짊어지고 있습니다. 이 혹에 물을 저장해 두었다가 물 한 방울 찾기 힘든 사막에서의 긴 여정을 마칠 수 있게 합니다. 세 번째로 무릎에 유독 두꺼운 굳은살을 가지고 있습니다. 낙타가 무릎에 굳은살을 가지고 있는 이유가 있습니다. 강력한 사막의 모래바람이 불어올 때 아무리 낙타라고 해도 더 이상 앞으로 갈 수가 없습니다. 그때 낙타는 조용히 무릎을 꿇습니다. 그리고 모래 폭풍이 지나가기를 하염없이 기다린다고 합니다.

에스라 8장 21절 이하에는 에스라의 금식 기도가, 에스라 9장과 10장에는 에스라와 백성들의 회개 기도가 기록되어 있습니다.

성경에 등장하는 하나님의 사람들은 하나님 앞에 철저하게 무릎 꿇는 특징이 있습니다. 특별히 그들은 공동체의 어떤 위기나, 어떤 결단이 필요할

때, 그 위기와 결단을 무릎 꿇고 기도하며 감당하고 돌파해 가는 것을 볼 수 있습니다.

어느 날인가 예배당이 협소하게 느껴졌습니다. 때마침 건축을 준비하자는 이야기도 들려왔습니다. 나도 모르는 사이에 매일 밤 머릿속에서는 건물을 짓고, 부수고, 다시 건물을 짓고 부수는 일이 반복되고 있었습니다. 말씀을 묵상하면서 하나님께서 내 안에 주시는 생각이 있었습니다. '하나님의 일은 머리로 하는 것이 아니라 무릎으로 하는 것'이라는 것입니다. 하나님께서 우리에게 행하실 일에 우리가 반응해야 할 첫 번째 일은 무릎 꿇는 일입니다.

삶 속에 해결되지 않는 일과 감당하기 힘든 고민거리가 있습니까? 나의 생각과 방법을 내려놓고 조용히 무릎으로 나아가야 할 때임을 기억하면 좋겠습니다.

조용히 낙타 무릎으로 살아가는 우리가 되기를 소망합니다.

오늘의 기도

무릎 꿇어야 할 때를 놓치지 않게 하소서.

27 구약

다른 이를 살리는 회개가 필요합니다

에스라 9장 4–6절

4. 이에 이스라엘의 하나님의 말씀으로 말미암아 떠는 자가 사로잡혔던 이 사람들의 죄 때문에 다 내게로 모여오더라 내가 저녁 제사 드릴 때까지 기가 막혀 앉았더니
5. 저녁 제사를 드릴 때에 내가 근심 중에 일어나서 속옷과 겉옷을 찢은 채 무릎을 꿇고 나의 하나님 여호와를 향하여 손을 들고
6. 말하기를 나의 하나님이여 내가 부끄럽고 낯이 뜨거워서 감히 나의 하나님을 향하여 얼굴을 들지 못하오니 이는 우리 죄악이 많아 정수리에 넘치고 우리 허물이 커서 하늘에 미침이니이다

페르시아 고레스 대왕의 칙령으로 스룹바벨을 중심으로 1차 포로귀환을 하고 약 20년이 지난 후 이스라엘은 성전을 재건합니다. 성전이 재건되고 약 60년이 지난 후 학사 겸 제사장인 에스라를 중심으로 한 2차 포로귀환이 이루어집니다.

이 시간동안 페르시아의 왕들은 고레스 – 캄비세스(성경엔 기록되지 않음) – 다리우스(다리오) – 아하수에로 – 아닥사스다로 이어집니다. 고레스는 첫 포로귀환 때, 다리우스는 성전 재건 때, 아하수에르는 에스더서에서, 그리고 아닥사스다는 에스라와 느헤미야 때의 중심인물로 등장합니다.

에스라 7-10장까지의 말씀은 학사 에스라가 예루살렘으로 귀환하는 과정과 귀환한 후에 행한 사역들이 기록되어 있습니다. 학사 에스라는 아닥사스다 왕의 재가를 받아 예루살렘으로 귀환하면서 대략 4~5천명 정도를 데리고 귀환합니다. 그런데 에스라는 숫자보다 그 구성원에 더 신경을 쓰고 있습니다. 그는 레위인을 찾으려고 애를 쓰고 있는 것을 봅니다. 왜냐면 성전이

회복되었기에 성전에서 봉사할 사람이 많이 필요했기 때문입니다.

예루살렘으로 돌아온 에스라는 참담한 현실을 보았습니다. 그것은 1차 귀환했던 백성들의 영적인 타락이었습니다. 그들은 이미 이방 여인들과 결혼해서 자연스럽게 살고 있었습니다. 이 모습을 본 에스라는 옷을 찢으며, 머리털과 수염을 뜯으며 이렇게 말했습니다. "나의 하나님이여 내가 부끄럽고 낯이 뜨거워서 감히 나의 하나님을 향하여 얼굴을 들지 못하오니 이는 우리 죄악이 많아 정수리에 넘치고 우리 허물이 커서 하늘에 미침이니이다"(스 9:6)

에스라의 회개 기도에서 중요한 것은 그가 하나님 앞에 마치 자기 죄인 것처럼 회개하고 있다는 것입니다. 그는 이 죄가 '너희들의 죄'가 아니라 '우리의 죄'라고 고백하고 있는 것입니다.

에스라의 모습을 보면서 깨닫게 되는 것은 진정한 하나님의 사람은 열방 가운데 일어나는 아픔과 자신이 속한 사회와 국가에서 일어나는 문제가, 그리고 자신이 속한 교회에서 일어나는 어려움이 다른 사람의 문제가 아니라 바로 나의 문제라고 고백한다는 것입니다.

세상 모든 사람이 '당신의 잘못이야, 너 때문이야'라고 말할 때 하나님의 사람은 그 눈물과 아픔의 문제를 가슴에 담고, 가슴을 찢으며 조용히 무릎 꿇고 하늘을 향하여 두 손을 드는 사람인 것입니다. 열방을 위하여, 나라를 위하여, 교회를 위하여, 가정을 위하여 기도해야겠습니다. 살리는 회개, 회복의 회개가 있기를 소망합니다.

오늘의 기도

세상 의 아픔과 고통을 외면하지 않고, 기도하며 위로하게 하소서.

28 구약

시시하게 살 수 없다

에스더 4장 1–17절

13. 모르드개가 그를 시켜 에스더에게 회답하되 너는 왕궁에 있으니 모든 유다인 중에 홀로 목숨을 건지리라 생각하지 말라
14. 이 때에 네가 만일 잠잠하여 말이 없으면 유다인은 다른 데로 말미암아 놓임과 구원을 얻으려니와 너와 네 아버지 집은 멸망하리라 네가 왕후의 자리를 얻은 것이 이 때를 위함이 아닌지 누가 알겠느냐 하니
15. 에스더가 모르드개에게 회답하여 이르되
16. 당신은 가서 수산에 있는 유다인을 다 모으고 나를 위하여 금식하되 밤낮 삼 일을 먹지도 말고 마시지도 마소서 나도 나의 시녀와 더불어 이렇게 금식한 후에 규례를 어기고 왕에게 나아가리니 죽으면 죽으리이다 하니라

신학교 다닐 때 정말 가슴 뜨겁게 읽었던 책이 있습니다. "죽으면 죽으리라"라는 제목의 책입니다. 일제 치하에서 죽으면 죽으리라는 자세로 믿음을 지키며 살았던 안이숙 사모님의 간증입니다. 저자의 순교자적인 삶은 큰 감동이었습니다. 많은 신앙의 선배들이 그러했듯이 나도 그와 같은 상황이 되면 온몸으로 믿음을 지키겠다고 결심했었습니다.

에스더 4장에 하만의 계략으로 민족의 운명이 풍전등화(風前燈火)와 같은 상황에서 모르드개는 왕비 에스더에게 이렇게 말합니다. "네가 왕후의 자리를 얻은 것이 이 때를 위함이 아닌지 누가 알겠느냐"(에 4:14). 그러자 에스더는 모르드개에게 이렇게 말합니다. "당신은 가서 수산에 있는 유다인을 다 모으고 나를 위하여 금식하되 밤낮 삼 일을 먹지도 말고 마시지도 마소서 나도 나의 시녀와 더불어 이렇게 금식한 후에 규례를 어기고 왕에게 나아가리니 죽으면 죽으리이다 하니라"(에 4:16)

모르드개와 에스더의 대화에서 믿음을 지키는 신자의 모습을 봅니다. 신자의 삶은 하나님이 이루고자 하시는 어떤 일과 때를 위하여 존재하고 준비되는 삶이라는 것을 말입니다. 우리가 걷는 한 걸음 한 걸음에는 바로 그 하나님의 일, 그 하나님의 때를 위한 과정이 있는 것입니다.

하나님께 쓰임 받았던 인물들의 삶을 보면 이러한 것을 어렵지 않게 볼 수 있습니다. 그들은 대부분 하나님의 뜻, 하나님의 때를 이루기 위하여 부름을 받고 세워졌습니다. 요셉은 7년 대기근의 때를 위하여, 모세는 출애굽의 때를 위하여, 다윗은 찬란한 유대 왕국을 위하여, 솔로몬은 성전 건축을 위하여 말입니다.

우리는 왜 살고 있습니까? 무엇을 위해 살고 있습니까? 나의 삶이, 나의 인생이 하나님의 뜻과 하나님의 목적을 위한 인생임을 자각하고 있습니까? 내 삶을 통하여 시간과 역사 속에서 하나님의 때가 성취되고 있음을 깨닫고 있습니까? 만약 우리가 그것을 자각하고 깨닫는다면 우리는 오늘 나 자신에게 이렇게 질문해야 합니다. "그러면 어떻게 살 것인가?"

내 삶을 통하여 하나님의 뜻이, 하나님의 때에 이루어진다는 것을 알아야 합니다. 우리의 삶은 존재 자체로 존귀하다는 것을 깨닫고, 존귀한 인생답게 살아가기를 소망합니다.

오늘의 기도

하나님이 주인되시는 귀한 존재임을 깨달아 당당한 삶을 살아가게 하소서.

29
구약

내가 무한하신 하나님의 일에 쓰임 받고 있다

욥기 1장 – 2장

3. 여호와께서 사탄에게 이르시되 네가 내 종 욥을 주의하여 보았느냐 그와 같이 온전하고 정직하여 하나님을 경외하며 악에서 떠난 자가 세상에 없느니라 네가 나를 충동하여 까닭 없이 그를 치게 하였어도 그가 여전히 자기의 온전함을 굳게 지켰느니라
4. 사탄이 여호와께 대답하여 이르되 가죽으로 가죽을 바꾸오니 사람이 그의 모든 소유물로 자기의 생명을 바꾸올지라
5. 이제 주의 손을 펴서 그의 뼈와 살을 치소서 그리하시면 틀림없이 주를 향하여 욕하지 않겠나이까
6. 여호와께서 사탄에게 이르시되 내가 그를 네 손에 맡기노라 다만 그의 생명은 해하지 말지니라

성경에서 참 어려운 내용 가운데 하나가 욥기가 아닌가 싶습니다. 욥기는 크게 세 부분으로 나눕니다. 1-2장은 욥이 받은 시험의 내용이고, 2-37장까지가 욥의 독백과 친구들의 변론입니다. 사건의 결과에 해당하는 부분이 38-42장까지입니다.

이해하기 힘든 부분은 1-2장에 나오는 욥의 시험입니다. 여기서 몇 가지 질문이 생깁니다. 첫째 하나님과 사탄은 어떤 관계일까? 둘째 왜 하나님은 사탄에게 욥을 시험하시도록 허락하셨을까? 셋째 당하는 욥은 도대체 무엇인가? 넷째 욥이 당하는 시험으로 그의 죽은 자식들의 인생은 도대체 무엇이란 말인가?하는 것입니다.

욥의 사건을 조금만 깊이 바라보면 이것은 이성적으로, 감정적으로 이해할 수 없는 내용이지만, 우리의 삶과 크게 다르지 않습니다. 우리의 삶 역시

인간의 이성으로 이해할 수 없는 일들이 참 많이 일어납니다. 그것이 나의 일이든, 남의 일이든 말입니다. 이해되지 않고, 이해할 수 없는 일들이 너무나 많은 현실을 살고 있습니다. 이러한 현실을 마주하며 우리는 인간의 한계를 고백하지 않을 수 없습니다.

우리가 이해할 수 없는 것 중에 가장 큰 것은 "하나님이 그 아들을 세상에 보내신 것, 하나님이 그 아들을 십자가에 내어주신 것"입니다. 우리가 아무리 뛰어나고 능력이 있다고 해도 인간은 유한(有限)한 존재입니다. 그 유한한 존재가 어떻게 무한(無限)하신 하나님을 이해할 수 있겠습니까? 어떻게 한계를 벗어난 것을 보고 들을 수 있겠습니까?

인간의 삶이 한 치 앞도 모르는 인생, 유한하고 불완전한 인생이지만, 하나님은 욥의 인생을 보셨습니다. 그를 아시고, 관여하셨으며, 이끄셨습니다. 그리고 마침내 하나님의 선하신 목적을 이루셨습니다. 하나님이 욥을 아셨고, 기억하셨듯이 우리의 삶도 그러합니다. 분명한 것은 유한한 내가 무한하신 하나님의 역사 속에 세워져 있다는 것입니다. 유한한 나를 통하여 하나님은 무한한 하나님의 일을 만들어 가고 계십니다. 내가 걷는 이 길이 무한하신 하나님의 역사를 만드는 과정임을 기억하며, 멋지게 쓰임 받기를 소망합니다.

오늘의 기도

하나님께 쓰임 받는 존귀한 인생으로 세워지게 하소서.

30 구약

하나님이 없는 것 같은 시간에

시편 13편 1–6절

1. 여호와여 어느 때까지니이까 나를 영원히 잊으시나이까 주의 얼굴을 나에게서 어느 때까지 숨기시겠나이까
2. 나의 영혼이 번민하고 종일토록 마음에 근심하기를 어느 때까지 하오며 내 원수가 나를 치며 자랑하기를 어느 때까지 하리이까
3. 여호와 내 하나님이여 나를 생각하사 응답하시고 나의 눈을 밝히소서 두렵건대 내가 사망의 잠을 잘까 하오며
4. 두렵건대 나의 원수가 이르기를 내가 그를 이겼다 할까 하오며 내가 흔들릴 때에 나의 대적들이 기뻐할까 하나이다
5. 나는 오직 주의 사랑을 의지하였사오니 나의 마음은 주의 구원을 기뻐하리이다
6. 내가 여호와를 찬송하리니 이는 주께서 내게 은덕을 베푸심이로다

필립 얀시의 책 중에 "아, 내 안에 하나님이 없다"라는 제목의 책이 있습니다. 이 책은 누구나 한 번쯤은 해보았을 법한 질문 '눈에 보이지 않는 하나님을 어떻게 믿어야 할까? 세상이 이렇게 불의하고, 내 삶은 이렇게 엉망인데 어떻게 하나님이 살아 계시다고 믿을 수 있는가?'라는 것에서 나온 책입니다.

살다 보면 때로는 하나님의 존재를 의심할 때가 있습니다. 하나님이 아무 일도 하지 않는 것 같이 느껴지거나, 하나님이 침묵하신다고 느껴질 때, 하나님이 계시지 않는 것 같은 시간을 보낼 때가 있습니다. 이러한 경험과 생각은 비단 우리뿐만이 아닙니다.

시편 13편의 말씀도 역시 그러합니다. 다윗은 이렇게 말합니다. "주님, 언제까지 나를 잊으시렵니까? 영원히 잊으시렵니까? 언제까지 나를 외면하시렵니까? 언제까지 나의 영혼이 아픔을 견디어야 합니까? 언제까지 고통을 받

으며 괴로워하여야 합니까? 언제까지 내 앞에서 의기양양한 원수의 꼴을 보고만 있어야 합니까?"(시 13:1-2 표준새번역)

하나님께 그토록 사랑받고 쓰임 받았던 다윗이지만, 하나님의 응답이 없던 시간, 마치 하나님이 자신을 외면하시는 듯한 시간이 있었다는 것이다. 다윗에게도 그런 시간이 있었다는 것이 우리에게 주는 위로이자 소망일 것입니다.

다윗은 이어서 이렇게 말합니다. "그러나 나는 주님의 한결같은 사랑을 의지합니다. 주님께서 구원하여 주실 그 때에, 나의 마음은 기쁨에 넘칠 것입니다. 주님께서 나를 너그럽게 대하여 주셔서, 내가 주님께 찬송을 드리겠습니다"(시 13:5-6 표준새번역)

하나님이 자신을 잊으신 것 같고, 외면하는 것 같은 시간에도 다윗은 말합니다. "그러나 나는 주님의 한결같은 사랑을 의지합니다." 다윗은 혼자 있는 것 같은 시간, 하나님이 외면하는 것 같은 시간은 일시적인 것이라는 것을 명확히 알았습니다. 하나님의 구원 역사는 여전히 진행되고 있다는 확신과 믿음이 있었습니다.

마치 하나님이 없는 것 같은 시간을 보내고 있다면, 하나님이 나의 아픔과 고통을 돌보지 않으시는 것 같은 시간이라면 하나님께 더 나아갈 시간입니다. 다윗처럼 하나님을 향해 뜨거운 사랑을 고백해보면 좋겠습니다. 한결같은 주의 사랑을 의지하는 것 말입니다. 그래서 언제나 동일한 하나님의 사랑과 은혜가 우리의 삶에서 날마다 경험되기를 소망합니다.

오늘의 기도

한결같은 주의 사랑을 의지하게 하소서.

31 구약

어떤 예배자인가?

시편 42편 1-11절

1. 하나님이여 사슴이 시냇물을 찾기에 갈급함 같이 내 영혼이 주를 찾기에 갈급하니이다
2. 내 영혼이 하나님 곧 살아 계시는 하나님을 갈망하나니 내가 어느 때에 나아가서 하나님의 얼굴을 뵈올까
3. 사람들이 종일 내게 하는 말이 네 하나님이 어디 있느뇨 하오니 내 눈물이 주야로 내 음식이 되었도다
4. 내가 전에 성일을 지키는 무리와 동행하여 기쁨과 감사의 소리를 내며 그들을 하나님의 집으로 인도하였더니 이제 이 일을 기억하고 내 마음이 상하는도다
5. 내 영혼아 네가 어찌하여 낙심하며 어찌하여 내 속에서 불안해 하는가 너는 하나님께 소망을 두라 그가 나타나 도우심으로 말미암아 내가 여전히 찬송하리로다

예배에 대한 갈급함이 있습니다. 사람의 많고 적음에 따라 달라지거나 어떤 인위적인 방법의 동원이 필요한 그런 예배를 말하는 것이 아닙니다. 그저 모든 지체가 온전히 마음을 모아서 하나님께 영광을 돌리고, 그분의 풍성한 은혜와 임재를 느끼는 것을 말하는 것입니다. 영적으로 살아있는 예배 말입니다.

우리는 어떻게 그런 예배를 드릴 수 있을까요?

시편 42편은 고라 자손이 기록한 시로 표제문은 이렇게 말하고 있습니다. "고라 자손의 마스길, 인도자를 따라 부르는 노래" 여기 마스길이라는 말은 교훈이라는 뜻인데, 교훈을 기록한 사람이 고라 자손이라는 것입니다. 고라 자손이 누구입니까? 그들은 원래 저주의 대명사입니다. 이들은 출애굽 당시에 모세를 대적했다가 땅이 갈라지고 그 속에 떨어진 사람들입니다. 이후에 다윗은 이들의 후손에게 하나님의 성전을 섬기는 직분을 맡겼습니다.

시편 42편은 다윗이 압살롬의 반역으로 망명의 길에 올랐을 때 함께 갔

던 고라 자손 중 한 사람이 기록한 것으로 봅니다. 왕이 보좌에서 쫓겨난 상황에서 그들에게 가장 긴박한 기도제목이 무엇이었을까요? 그것은 당연히 왕의 복위였을 것입니다. 그럼에도 불구하고 시편 42편의 기자는 그것보다 오히려 하나님을 뵈옵지 못하는, 하나님을 예배하지 못하는 자신의 상태를 간절히 호소하고 있습니다.

하나님을 예배하고자 하는 그 갈급함을 1절에서는 사슴이 시냇물을 찾음 같다고 표현합니다. 하나님에 대한 갈급함을 왜 사슴이 시냇물을 찾는 것에 비유하고 있을까요? 사슴은 교미시기가 되면 타는 듯한 목마름이 있다고 합니다. 팔레스타인 지역은 물이 귀했기에 많은 사슴이 목마름을 견디다 못해 앞발로 땅을 파다가 쓰러진다고 합니다. 그것을 보고 시인은 자신이 하나님을 갈망하는 것을 목마른 사슴에 비유하고 있는 것입니다.

시편 42편을 쓴 기자의 심정이 이해되십니까? 하나님을 향한 갈급함이 말입니다. 왕이 보좌에서 쫓겨났기에 성전에서 하나님을 예배할 수 없었던 고라 자손의 안타까움이 느껴져야합니다. 예배는 이러해야 합니다. 하나님을 만나고자 하는 간절함, 영적 갈급함을 가지고 하나님 앞에 세워질 때 우리의 예배는 신령과 진정으로 드리는 살아있는 예배가 될 것입니다.

매주 드리는 형식적인 예배가 아니라 마지막인 것처럼 간절하게 드리는 예배, 하나님의 풍성한 임재(presence)가 있는 예배, 바로 그런 예배가 될 수 있길 간절히 소망합니다.

오늘의 기도

우리의 예배가 갈급함이 있는 예배, 그래서 주의 임재를 경험하는 예배 되게 하소서.

32 구약

균형 잡힌 신앙, 균형 있는 삶

시편 85편 1-13절

7. 여호와여 주의 인자하심을 우리에게 보이시며 주의 구원을 우리에게 주소서
8. 내가 하나님 여호와께서 하실 말씀을 들으리니 무릇 그의 백성, 그의 성도들에게 화평을 말씀하실 것이라 그들은 다시 어리석은 데로 돌아가지 말지로다
9. 진실로 그의 구원이 그를 경외하는 자에게 가까우니 영광이 우리 땅에 머무르리이다
10. 인애와 진리가 같이 만나고 의와 화평이 서로 입맞추었으며
11. 진리는 땅에서 솟아나고 의는 하늘에서 굽어보도다
12. 여호와께서 좋은 것을 주시리니 우리 땅이 그 산물을 내리로다
13. 의가 주의 앞에 앞서 가며 주의 길을 닦으리로다

하나님의 사랑을 말할 때, 하나님의 사랑에는 두 가지 내용이 포함되어 있습니다. 그것은 바로 "긍휼과 공의"입니다. 사랑은 긍휼과 가까운 단어인 것 같은데 왜 공의가 포함되어 있을까요? 공의가 없는 사랑은 온전한 사랑으로 완성되지 않기 때문입니다. 알기 쉬운 예로 자녀를 사랑한다는 이유로 그 아이가 원하는 모든 것을 해준다면 그것은 사랑이 아닙니다. 아이를 바로 키우는 것이 사랑이고, 그것을 위해서는 반드시 원칙과 변하지 않는 진리가 있어야 하기 때문입니다.

그런데 인간에게 온전한 사랑이 가능할까요? 안타깝게도 인간에게 온전한 사랑은 가능하지 않습니다. 왜냐하면 긍휼과 공의를 모두 이루는 사랑은 쉽지 않기 때문입니다. 인간은 자기에게 가까운 사람에게는 긍휼의 잣대를 대지만, 자기와 먼 사람에게는 공의의 잣대를 대기 마련입니다. 또한 자신에게는 긍휼의 잣대를 대고, 다른 사람에게는 공의의 잣대를 대기 때문입니다.

시편 85편 10절은 이렇게 말합니다. "사랑과 진실이 만나고, 정의는 평화와 서로 입을 맞춘다"(표준새번역)

어떻게 하면 사랑과 진실이 만나고, 정의와 평화가 입 맞출 수 있을까요? 어떻게 하면 긍휼과 공의가 균형을 이룰 수 있을까요? 그것은 세상의 많은 사람이 자신에게 사랑과 긍휼의 잣대를 댈 때, 나는 공의와 진리의 잣대를 대고, 다른 사람에게 공의와 진리의 잣대를 댈 때, 나는 사랑의 잣대를 댈 때만 가능하지 않을까 싶습니다.

타락한 인간에게 공의는 없어서는 안 될 중요한 진리이자 기준입니다. 그러나 그 공의를 다른 사람에게만 들이댈 때 그것은 무서운 칼이 될 수 있습니다. 자신을 사랑하는 것은 없어서는 안 될 삶의 중요한 것이지만 그것만 추구하면 자기중심으로 사는 타락한 삶의 원인이 됩니다.

우리에게 허락하신 삶, 어느 한쪽으로 치우치고 본능에 따라 자기중심적으로 사는 것이 아니라 다른 사람을 중심으로 베풀고 나누는 삶이 되기를 소망합니다.

오늘의 기도

주님의 사랑으로 세상을 보고, 주님의 법으로 나를 다스리게 하소서.

33

구약

징벌과 교훈이 복입니다

시편 94편 1-23절

10. 뭇 백성을 징벌하시는 이 곧 지식으로 사람을 교훈하시는 이가 징벌하지 아니하시랴
11. 여호와께서는 사람의 생각이 허무함을 아시느니라
12. 여호와여 주로부터 징벌을 받으며 주의 법으로 교훈하심을 받는 자가 복이 있나니
13. 이런 사람에게는 환난의 날을 피하게 하사 악인을 위하여 구덩이를 팔 때까지 평안을 주시리이다

우리 나라와 미국에서 있었던 청소년 범죄가 마음을 참 아프게 합니다. 10대 청소년 4명이 약한 친구를 죽기까지 때렸다고 합니다. 미국에서는 10대의 아이들이 가까운 사람을 죽이면 엄청난 돈을 준다는 말에 속아 약한 친구를 데려다가 총으로 쏴 죽였다고 합니다. 친구를 오랜 시간을 가두고 때리며 심지어 고문까지 하면서 죽였다고 하는데 우리는 그 아이들에게 얼마나 큰 벌을 주어야 할까요?

시편 94편에서 기자는 하나님께 이런 호소를 하고 있습니다. "주님, 악한 자들이 언제까지, 악한 자들이 언제까지 승전가를 부르게 하시겠습니까? 사악한 자들이 거만하게 말하며 그들이 모두 다 거드름을 피웁니다. 주님, 그들이 주님의 백성을 짓밟으며, 주님의 택하신 민족을 괴롭힙니다. 그들은 과부와 나그네를 죽이고, 고아들을 살해하며, '주가 못 본다. 야곱의 하나님은 생각지도 못한다' 하고 말합니다." (시 94:3-7 표준새번역) 이어서 기자는 9절에 이렇게 말씀합니다. "귀를 지어 주신 분이 들을 수 없겠느냐? 눈을 빚으신 분이 볼 수 없겠느냐?"라고 말입니다.

그렇습니다. 귀를 만드신 하나님이, 눈을 만드시는 하나님이 듣지 못하고 보지 못하실 일이 있겠습니까? 그래서 시편 기자는 하나님을 "복수하시는 하나님"(시 94:1)이라고 말하고 있습니다.

10대의 끔찍한 범죄를 볼 때마다 드는 생각이 있습니다. 저 아이들은 왜 저렇게 되었을까? 저 아이들이 어디에서 잔인함을 보고 배웠을까 하는 것입니다.

12절에서 이런 말씀도 하고 있습니다. "여호와여 주로부터 징벌을 받으며 주의 법으로 교훈하심을 받는 자가 복이 있나니" 징벌을 받는 것이 복입니다. 그래야만 돌이킬 수 있기 때문입니다. 아이들에게 어려서부터 적절한 징벌이 있었다면 아이들이 저렇게 되진 않았을 텐데, 그리고 아이들에게 어른들이 바른 교훈을 보여주었다면 얼마나 좋았을까 하는 안타까움이 있습니다.

험하고 무서운 세상, 혹여라도 우리의 아이들에게도 이런 일이 일어날까 염려하며 기도합니다. "그들이 모여 의인의 영혼을 치려 하며 무죄한 자를 정죄하여 피를 흘리려 하나 여호와는 나의 요새이시요 나의 하나님은 내가 피할 반석이시라. 그들의 죄악을 그들에게로 되돌리시며 그들의 악으로 말미암아 그들을 끊으시리니 여호와 우리 하나님이 그들을 끊으시리로다"(시 94:21-23)

말씀으로 바르게 서는 가정, 믿음의 자녀가 되기를 소망합니다.

오늘의 기도

험하고 악한 세상에서 우리 아이들을 보호해 주시고, 올바르게 양육하게 하소서.

34
구약

말은 적게, 듣는 귀는 좋게

잠언 11장 11절, 13장 3절

11:11 성읍은 정직한 자의 축복으로 인하여 진흥하고 악한 자의 입으로 말미암아 무너지느니라
13:3 입을 지키는 자는 자기의 생명을 보전하나 입술을 크게 벌리는 자에게는 멸망이 오느니라

연예인 유재석 씨가 "말(言)"의 중요성을 언급한 적이 있습니다. 몇 가지만 살펴보면 "입술의 '30초'가 마음의 '30년'이 된다. 나의 말 한마디가 누군가의 인생을 바꾸어 놓을 수도 있다.", "'혀'를 다스리는 건 나지만, 내뱉어진 말은 나를 다스린다. 함부로 말하지 말고, 한번 말한 것은 책임을 져라.", "내가 '하고' 싶은 말보다, 상대방이 '듣고' 싶은 말을 해라. 하기 쉬운 말 보다 알아듣기 쉽게 이야기해라." 등이 있습니다.

잠언 말씀에서 많이 강조되는 것 두 가지가 있다면 그것은 "재물과 말"에 대한 내용입니다. 잠언에 돈과 입에 관한 내용이 가장 많이 기록되어 있다는 것은 그만큼 다스리기 힘들기 때문일 것입니다. 그래서 많은 지혜가 필요하다는 것을 역설하고 있는 것입니다.

잠언 11장 11절은 이렇게 말합니다. "성읍은 정직한 자의 축복으로 인하여 진흥하고 악한 자의 입으로 말미암아 무너지느니라" 여기 '성읍'이라는 것은 마을, 즉 공동체를 의미하는 단어입니다. 공동체가 흥하거나 망하는 이유가 결국 "말"에 있다는 것입니다.

잠언 13장 3절에는 이런 말씀도 있습니다. "입을 지키는 자는 자기의 생명을 보전하나 입술을 크게 벌리는 자에게는 멸망이 오느니라" 공동번역 성경은 이 말씀을 아주 생생하게 번역했습니다. "입에 재갈을 물리면 목숨을 지키지만 입을 함부로 놀리면 목숨을 잃는다." 말의 많고 적음이 살고 죽는 것을 결정하게 된다는 것입니다.

입, 즉 말에 의하여 흥하거나 망하고, 말에 의하여 살기도 하고 죽기도 하니 입이 얼마나 큰 힘을 가졌는지 알 것입니다. 그래서 야고보는 이렇게 말합니다. "우리는 다 실수를 많이 저지릅니다. 누구든지, 말에 실수가 없는 사람은 온몸을 다스릴 수 있는 온전한 사람입니다."(약 3:2 표준새번역)

내 입의 말은 어떤가 생각해 봅니다. 목사이기에 많은 말을 하고, 그래서 훈련 되었다고 생각하지만, 여전히 부족한 모습을 발견합니다. "내가 왜 그 말을 했을까?"하고 후회하는 경우가 얼마나 많은지 모르겠습니다.

그런데 말과 함께 중요한 것이 하나 더 있음을 느낍니다. 그것은 바로 듣는 것입니다. 똑같은 말을 들어도 반응이 다릅니다. 그것은 듣는 것이 다르기 때문입니다. "입의 말은 적게, 듣는 귀는 좋게" 해야합니다. 주님의 말씀을 잘 듣고, 복음을 잘 말하는 우리가 되기를 소망합니다.

오늘의 기도

바르게 듣는 귀가 되게 하시고, 바른 말을 하는 입이 되게 하소서.

35 구약

하나님께 꾸어드리는 삶

잠언 19장 17절

17. 가난한 자는 그의 형제들에게도 미움을 받거든 하물며 친구야 그를 멀리 하지 아니하
겠느냐 따라가며 말하려 할지라도 그들이 없어졌으리라

아이와 어른의 다른 점이 있습니다. 아이는 어떻게 받을 것인가를 생각하고, 어른은 어떻게 줄 것인가를 생각 한다는 것입니다. 어른임에도 어떻게 받을 것인가에 집중하고 있다면 그는 여전히 아이에 머물러 있는 것입니다.

잠언 19장 17절에서 말합니다. "가난한 자를 불쌍히 여기는 것은 여호와께 꾸어드리는 것이니 그의 선행을 그에게 갚아 주시리라" 이 말씀을 표준새번역 성경에는 이렇게 번역을 합니다. "가난한 사람에게 은혜를 베푸는 것은 주님께 꾸어드리는 것이니, 주님께서 그 선행을 넉넉하게 갚아 주신다."

이 말씀은 언뜻 이해가 되지 않습니다. 하나님께 꾸어드린다는 것이 말입니다. 인간이 하나님께 무엇을 꾸어드릴 수 있겠습니까? 이것은 약자에게 나누고 베풀며, 섬기라는 것을 강조하는 것입니다. 이러한 표현이 너무 좋습니다. 이 말씀을 그대로 받아들이고 싶습니다. 하나님께 꾸어드릴 수 없으며, 가당치 않은 말이지만 하나님은 정말 그렇게 여겨주실 것 같습니다. 왜냐하면 성경에 흐르는 중요한 주제 가운데 하나가 바로 "고아와 과부"이기 때문입니다.

누군가를 위하여 내가 가진 것을 나누어 줄 때 하나님은 그것을 꾸는 것

으로 생각하시고, 그 꾸신 것을 반드시 넉넉하게 갚아 주실 것이라고 말씀합니다. 예수님도 이것에 대하여 말씀하십니다. "남에게 주어라. 그리하면 하나님께서도 너희에게 주실 것이니, 되를 누르고 흔들어서, 넘치도록 후하게 되어서, 너희 품에 안겨 주실 것이다. 너희가 되질하여 주는 그 되로 너희에게 도로 되어서 주실 것이다"(눅 6:38 표준새번역)

우리가 다른 사람을 위하여, 그리고 주 안에서 하나 된 공동체를 위하여 기꺼이 나눌 수 있는 이유가 여기에 있습니다. 하나님은 그것을 공짜로 여기시지 않기 때문입니다. 하나님이 주신 것을 풍성하게 나눌 수 있기를 소망합니다.

오늘의 기도

하나님께 더 많이 꾸어드리는 내가 되고, 우리가 되게 하소서.

36 구약

열심히 일하고 적게 갖는 삶

전도서 5장 13절

13. 내가 해 아래에서 큰 폐단 되는 일이 있는 것을 보았나니 곧 소유주가 재물을 자기에게 해가 되도록 소유하는 것이라

어떤 분이 교회로 찾아왔습니다. 자기 사정을 한껏 늘어놓지만 결국에는 돈을 달라는 것이었습니다. 그리고 얼마 전에는 한 젊은 사람이 찾아왔습니다. 그 친구는 몇 달 전에도 왔었으나, 자신이 왔던 것도 모르고 있었습니다. 어김없이 밥을 먹이고, 차비를 주어서 보냈습니다. 돈을 주는 일은 하나도 어렵지 않습니다. 어려운 것이 있다면 이 분이 계속해서 이렇게 살면 어떡하나 하는 마음이 드는 것입니다.

인터넷에는 많은 소문이 돌아다닙니다. 놀랍고 안타까운 이야기를 많이 듣습니다. 우리가 매스컴을 통하여 자주 듣게 되는 재벌들의 범죄도 그중 하나입니다. 많이 가진 사람들이 더 가지기 위하여 범죄를 저지르다니 말입니다.

이들과 똑같은 모습이 있습니다. 그것은 일하지 않고 먹으려는 욕심, 더 많이 가지려는 욕심입니다. 더 많이 가지려고 하는 욕심이 있는 사람들에게 주고 싶은 말씀이 있습니다. "전도자가 이르되 헛되고 헛되며 헛되고 헛되니 모든 것이 헛되도다"(전 1:2), "내가 해 아래에서 큰 폐단 되는 일이 있는 것을 보았나니 곧 소유주가 재물을 자기에게 해가 되도록 소유하는 것이라"(전

5:13)입니다.

일하지 않고 먹으려는 욕심이 있는 사람들에게 주고 싶은 말씀이 있습니다. "그리하여 나는, 사람에게는 자기가 하는 일에서 보람을 느끼는 것보다 더 좋은 것은 없다는 것을 알았다."(전 3:22 표준새번역), "그렇다. 우리의 한평생이 짧고 덧없는 것이지만, 하나님이 우리에게 허락하신 것이니, 세상에서 애쓰고 수고하여 얻은 것으로 먹고 마시고 즐거워하는 것이 마땅한 일이요, 좋은 일임을 내가 깨달았다! 이것은 곧 사람이 받은 몫이다."(전 5:18 표준새번역)

열심히 일하면서도 더 많이 가지려는 욕심을 버리고 사는 삶, 이런 삶이 "사람들을 불러 모으는 자"의 삶이 아닐까 싶습니다. 하나님이 주신 것에 감사하며, 그것을 풍성하게 누리는 삶이기를 소망합니다.

오늘의 기도

모든 지체가 열심히 일하나 자신만을 위해 더 많이 가지려는 욕심을 내려놓게 하소서.

37
구약

사랑은 죽음 보다 강하고

아가서 8장 6-7절

6. 너는 나를 도장 같이 마음에 품고 도장 같이 팔에 두라 사랑은 죽음 같이 강하고 질투는 스올 같이 잔인하며 불길 같이 일어나니 그 기세가 여호와의 불과 같으니라
7. 많은 물도 이 사랑을 끄지 못하겠고 홍수라도 삼키지 못하나니 사람이 그의 온 가산을 다 주고 사랑과 바꾸려 할지라도 오히려 멸시를 받으리라

80년대 후반에서 90년대 초반까지 인기 있었던 '이상은'이라는 가수가 있습니다. 그녀가 부른 노래 중 "언젠가는"이라는 노래의 가사가 생각납니다.

"젊은 날엔 젊음을 모르고, 사랑할 땐 사랑이 보이지 않았네. 하지만 이제 뒤돌아보니, 우린 젊고 서로 사랑을 했구나. 젊은 날엔 젊음을 잊었고, 사랑할 땐 사랑이 흔해만 보였네, 하지만 이제 생각해 보니 우리 젊고 서로 사랑을 했구나."

사람은 누구에게나 아주 중요한 순간이 있습니다. 문제는 그 시기를 잘 모르고, 그때의 중요성을 잘 모른다는 것입니다. 학생 시절에는 공부가 얼마나 중요한 것인가를 모릅니다. 젊은 날엔 젊음을 모르고, 사랑할 땐 사랑이 흔해만 보였다는 노랫말이 가슴에 닿는 이유입니다. 서정윤 시인은 "홀로서기"라는 시에서 이런 표현을 합니다. "누군가가 나를 향해 다가오면 나는 '움찔' 뒤로 물러난다. 그러다가 그가 나에게서 떨어져 갈 땐 발을 동동 구르며 손짓을 한다."

아가서 8장 6-7절은 이렇게 말하고 있습니다. "너는 나를 도장 같이 마음에 품고 도장 같이 팔에 두라 사랑은 죽음 같이 강하고 질투는 스올 같이 잔인

하며 불길 같이 일어나니 그 기세가 여호와의 불과 같으니라. 많은 물도 이 사랑을 끄지 못하겠고 홍수라도 삼키지 못하나니 사람이 그의 온 가산을 다 주고 사랑과 바꾸려 할지라도 오히려 멸시를 받으리라"

아가서는 솔로몬 왕의 노래로 사랑이 주제입니다. 솔로몬 왕의 사랑 이야기가 왜 정경으로 인정받고 있는 것일까요? 이 안에는 사랑의 신성함을 통하여 그의 신부인 교회를 위해 고통당하고, 죽임당한 아들, 즉 그리스도를 우리에게 보내주신 하나님의 사랑이 비유로 되어있기 때문입니다.

인간은 젊을 땐 젊음을 모르고, 사랑할 땐 사랑을 보지 못합니다. 누군가 나에게 다가오면 움찔 뒤로 물러나고, 떠나가면 그제야 발을 동동 구르는 우리의 삶, 우리의 모습입니다. 그러나 진짜 사랑이 하나 있습니다. 우리가 보지 못한다고 해도, 뒤로 물러선다고 해도 결코 우리를 버리거나 떠나지 않는 사랑 말입니다.

우리를 향하신 하나님의 사랑은 죽음보다 강하십니다. 그 사랑은 끌 수 없는 불과 같습니다. 그 사랑은 재물이나 자신의 능력으로 얻을 수 있는 것이 아닙니다. 애초에 어떤 조건적인 사랑이 아니었기에 절대로 끊어질 수 없는 사랑인 것입니다. 죽음보다 강한 사랑을 받은 우리, 그 사랑 나누며, 그 사랑 전하며, 우리도 그렇게 사랑하며 살기를 소망합니다.

오늘의 기도

받은 사랑을 깊이 나누는 인생이 되게 하소서.

38
구약

너를 왜 불렀는지 아느냐?

이사야 44장 15–17절

15. 이 나무는 사람이 땔감을 삼는 것이거늘 그가 그것을 가지고 자기 몸을 덥게도 하고 불을 피워 떡을 굽기도 하고 신상을 만들어 경배하며 우상을 만들고 그 앞에 엎드리기도 하는구나
16. 그 중의 절반은 불에 사르고 그 절반으로는 고기를 구워 먹고 배불리며 또 몸을 덥게 하여 이르기를 아하 따뜻하다 내가 불을 보았구나 하면서
17. 그 나머지로 신상 곧 자기의 우상을 만들고 그 앞에 엎드려 경배하며 그것에게 기도하여 이르기를 너는 나의 신이니 나를 구원하라 하는도다

인도는 인구의 80%가 힌두교인입니다. 힌두교는 다신교로서 하나의 신을 섬기는 종교라기보다는 여러 신을 모아둔 것을 통칭하는 것입니다. 그래서 힌두교 안에서는 3억 3천만 개의 신이 있다고 합니다. 그 나라에서는 모든 생물이 신이 될 수 있는 것입니다. 이런 다신교 사상은 그들의 생활 전반에 나타납니다. 한 해에 생산되는 쌀의 13-18%를 쥐가 먹어버린다고 합니다. 왜냐하면 쥐도 신이기 때문에 사람이 먹을 것은 없어도 쥐가 먹는 것을 막지 않기 때문입니다. 오래전에 기차가 급정거하는 바람에 철로에서 탈선하는 큰 사고 있었습니다. 많은 사람이 다치고 죽었습니다. 그런데 기차가 급정거했던 이유는 소가 기찻길에 누워 있었기 때문입니다.

인간의 종교심이라는 것이 얼마나 우스운지 모릅니다. 인간이 신(우상)을 숭배하는 이유는 자신이 잘 되기 위한 기복(祈福)을 목적으로 합니다. 그러나 나중에는 그 신이 나에게 노하여 나를 저주하지 않길 원하는 것에 이르게 됩니다. 자신이 잘 되려고 시작한 것이 자신에게 해를 주지 않길 원하는 것으로 바

꿔는 것입니다.

이사야 44장 15-17절은 이렇게 말씀합니다. "이 나무는 사람이 땔감을 삼는 것이거늘 그가 그것을 가지고 자기 몸을 덥게도 하고 불을 피워 떡을 굽기도 하고 신상을 만들어 경배하며 우상을 만들고 그 앞에 엎드리기도 하는구나 그 중의 절반은 불에 사르고 그 절반으로는 고기를 구워 먹고 배불리며 또 몸을 덥게 하여 이르기를 아하 따뜻하다 내가 불을 보았구나 하면서 그 나머지로 신상 곧 자기의 우상을 만들고 그 앞에 엎드려 경배하며 그것에게 기도하여 이르기를 너는 나의 신이니 나를 구원하라 하는도다" 자신이 사용하는 사물과 생물에 신성을 부여합니다. 그리고는 그것들에 종속되어 살아갑니다. 인간이 얼마나 연약하고 미련한지 금방 알 수 있습니다.

하나님은 우리를 그렇게 부르지 않으셨습니다. 성경은 말씀합니다. "나 여호와가 의로 너를 불렀은즉 내가 네 손을 잡아 너를 보호하며 너를 세워 백성의 언약과 이방의 빛이 되게 하리니"(사 42:6), "이 백성은 내가 나를 위하여 지었나니 나를 찬송하게 하려 함이니라"(사 43:21)

수많은 사람이 참 신, 유일하신 하나님을 알지 못합니다. 하나님은 우리를 부르셔서 하나님의 언약을 이루는 존재로 이방의 빛이 되게 하시고, 하나님을 찬양하는 존재로 세우셨습니다. 부르심의 이유를 깨달아서 하나님의 언약을 이루는 이방의 빛으로, 하나님을 찬송하는 존재로 부르심의 목적에 합당한 삶이 되기를 소망합니다.

오늘의 기도

내 안의 헛된 우상을 버리고, 부르심에 합당한 삶을 살게 하소서.

39
구약

진짜 금식은?

이사야 58장 3–9절

6. 내가 기뻐하는 금식은 흉악의 결박을 풀어 주며 멍에의 줄을 끌러 주며 압제 당하는 자를 자유하게 하며 모든 멍에를 꺾는 것이 아니겠느냐
7. 또 주린 자에게 네 양식을 나누어 주며 유리하는 빈민을 집에 들이며 헐벗은 자를 보면 입히며 또 네 골육을 피하여 스스로 숨지 아니하는 것이 아니겠느냐
8. 그리하면 네 빛이 새벽 같이 비칠 것이며 네 치유가 급속할 것이며 네 공의가 네 앞에 행하고 여호와의 영광이 네 뒤에 호위하리니
9. 네가 부를 때에는 나 여호와가 응답하겠고 네가 부르짖을 때에는 내가 여기 있다 하리라 만일 네가 너희 중에서 멍에와 손가락질과 허망한 말을 제하여 버리고

금식이란 무엇입니까? 단순하게 보면 밥을 먹지 않는 것입니다. 밥을 먹지 않으며 하나님께 구한다는 것은 나의 힘으로 감당할 수 없는 일임을 인정하는 것입니다. 절박하게 하나님의 도우심을 구하는 것입니다.

이렇게 경건한 행위가 가장 경건하지 않은 도구로 사용되는 경우가 얼마나 많은지 모르겠습니다. 예전에 어떤 분은 40일 금식기도를 몇 번 했다고 명함에 써놓은 것을 본 적이 있습니다. 40일 금식을 한 것은 대단하다고 생각할 수 있겠지만, 그것을 명함에 써놓는 일은 생각을 해 봐야 할 것입니다. 어쩌면 예수님께서 지적하신 바리새인의 금식과 크게 다르지 않은 것 같습니다.

성경은 이렇게 말씀합니다. "보라 너희가 금식하는 날에 오락을 구하며 온갖 일을 시키는도다. 보라 너희가 금식하면서 논쟁하며 다투며 악한 주먹으로 치는도다"(사 58:3-4). 신앙의 경건한 행위를 하면서도 오락을 구하고, 논쟁하며, 다투며, 악하게 행동하는 모습이 얼마나 이중적입니까? 이와 같은 이중적

인 모습을 우리는 쉽게 볼 수 있습니다. 하나님의 긍휼은 구하지만, 그 누구에게도 긍휼을 베풀지 않습니다. 하나님의 용서를 구하지만, 그 누구도 용서하지 않으며 하나님의 공의를 외칩니다.

성경은 금식을 이렇게 말씀합니다. "내가 기뻐하는 금식은 흉악의 결박을 풀어 주며 멍에의 줄을 끌러 주며 압제 당하는 자를 자유하게 하며 모든 멍에를 꺾는 것이 아니겠느냐. 또 주린 자에게 네 양식을 나누어 주며 유리하는 빈민을 집에 들이며 헐벗은 자를 보면 입히며 또 네 골육을 피하여 스스로 숨지 아니하는 것이 아니겠느냐"(사 58:6-7)

이러한 금식, 이와 같은 진정한 금식을 나눈 자들에게 "그리하면 네 빛이 새벽같이 비칠 것이며 네 치유가 급속할 것이며 네 공의가 네 앞에 행하고 여호와의 영광이 네 뒤에 호위하리니. 네가 부를 때에는 나 여호와가 응답하겠고 네가 부르짖을 때에는 내가 여기 있다 하리라"(사 58:8-9)라고 말씀하고 있습니다.

하나님이 기뻐하시는 금식, 하나님의 뜻을 깨닫고 순종하는 삶, 모든 삶의 중심에 하나님을 놓치지 않기를 소망합니다.

진정한 금식을 통해 주님의 뜻을 알게 하소서.

40 구약

주를 보는 한 사람

예레미야 5장 1절

1. 너희는 예루살렘 거리로 빨리 다니며 그 넓은 거리에서 찾아보고 알라 너희가 만일 정의를 행하며 진리를 구하는 자를 한 사람이라도 찾으면 내가 이 성읍을 용서하리라

예레미야를 읽다 보면 정말 그가 "눈물의 선지자"였다는 사실을 절감하게 됩니다. 타락으로 인하여 남유다에 다가오는 멸망의 기운을 보며 눈물로서 백성들에게 회개를 촉구합니다. 백성들은 예레미야의 이러한 눈물의 호소에도 아랑곳하지 않고 죄에 죄를 더하다가 결국 멸망에 이르게 됩니다.

예레미야 5장 1절은 이렇게 말씀합니다. "너희는 예루살렘 거리로 빨리 다니며 그 넓은 거리에서 찾아보고 알라 너희가 만일 정의를 행하며, 진리를 구하는 자를 한 사람이라도 찾으면 내가 이 성읍을 용서하리라"

남유다의 백성들이 망한 이유는 "정의를 행하며 진리를 구하는 한 사람"이 없었기 때문입니다. 그 한 사람이 없어서 그들은 철저히 망했습니다. 바르게 서 있는 한 사람이 정말 중요합니다. 한 사람은 국가의 존망을 결정하기도 합니다. 한 사람이 없어서 망하기도 하지만, 한 사람 때문에 망할 수도 있다는 것입니다.

커다란 문제가 앞에 닥칠 때 "지금은 기도해야 할 때입니다"라고 말하는 것은 어쩌면 조금 더 쉬운 일일 것입니다. 마땅히 기도해야 하고, 기도밖에 할 수 없을 때가 있습니다. 기도해야 한다는 것은 손을 놓는다는 의미가 아닙니다. 하나님을 의지하고, 의탁하며 우리가 바른 길을 갈 수 있도록 한 걸음 내딛는

것도 포함되는 것입니다. 깨어있어 회개하고 바른 것을 깨닫게 해달라고 하는 것 또한 포함되는 것입니다.

한 사람 때문에 망할 수도 있다면, 한 사람 때문에 살 수도 있습니다. 우리의 영혼이 깨어있는 한 사람, 하나님께서 원하시는 정의가 무엇인지 분별하며, 진리를 따라 행동하는 그 한 사람이 되어야겠습니다. 그리고 무엇보다도 하나님께 기도하는 것이 먼저인 사람, 기도하고 의지하는 것이 우선되는 사람이 되기를 소망합니다.

오늘의 기도

하나님의 정의에 따라 행하고 진리를 구하는 그 한 사람이 되게 하소서.

41 구약

익숙해진 죄 알아보기

예레미야 13장 23절

23. 구스인이 그의 피부를, 표범이 그의 반점을 변하게 할 수 있느냐 할 수 있을진대 악에 익숙한 너희도 선을 행할 수 있으리라

"참새가 방앗간을 그저 지나랴"라는 속담이 있습니다. 참새가 방앗간을 그냥 지나가지 못하는 이유는 쌀에 익숙하기 때문입니다. 쌀에 익숙한 참새는 쌀의 유혹을 이겨내지 못합니다. 그래서 "자기가 좋아하는 곳은 그대로 지나치지 못한다. 욕심 많은 사람이 잇속 있는 일을 보고는 가만있지 못한다."라는 의미로 사용합니다.

예레미야 말씀을 묵상하면서 참 마음이 무겁습니다. 남유다의 범죄를 경고하는 내용이 아니라 오히려 예정된 심판을 선포하는 내용이기 때문입니다. 백성의 죄악이 얼마나 컸던지 성경은 이렇게 말하고 있습니다. "에티오피아 사람이 자기의 피부 색깔을 바꿀 수 있느냐? 표범이 자기의 반점들을 다르게 바꿀 수 있느냐? 만약 그렇게 할 수만 있다면, 죄악에 익숙해진 너희도 선을 행할 수가 있을 것이다"(렘 13:23 표준새번역). 이 말씀은 선을 행할 능력이 없다는 것입니다. 죄악에 익숙해졌기 때문에 말입니다.

내 삶에 익숙해져 있는 것을 돌아봅니다. 너무 익숙해져서 그것을 죄로 여기지 않는 것은 아닌지, 아니면 죄인지도 모르고 사는 것은 아닌지 말입니다.

내 영혼에, 내 마음에 깊이 착상되어 쉽게 떨어지지 않는 너무나도 익숙해진 죄악들입니다. 흑인이 백인이 될 수 없고, 표범이 반점을 다르게 바꿀 수 없

습니다. 하지만 우리는 주의 긍휼을 구하고 인내하며 기도할 수 있습니다. 우리에게 익숙한 것을 내려놓으며 오직 하나님만 의지하는 것입니다. 하나님의 뜻이라면 익숙한 곳에서, 익숙한 죄를 박차고 나올 수 있는 믿음의 사람이 되기를 소망합니다.

오늘의 기도

죄짓지 않는 것이 신자의 능력이고 하나님을 기쁘시게 하는 일이라는 것을 깨닫게 하소서.

42 구약

나는 기억한다

에스겔 16장 43절, 60절

43. 네가 어렸을 때를 기억하지 아니하고 이 모든 일로 나를 분노하게 하였은즉 내가 네 행위대로 네 머리에 보응하리니 네가 이 음란과 네 모든 가증한 일을 다시는 행하지 아니하리라 주 여호와의 말씀이니라
60. 그러나 내가 너의 어렸을 때에 너와 세운 언약을 기억하고 너와 영원한 언약을 세우리라

에스겔 16장에는 하나님께서 이스라엘을 어떻게 백성 삼으셨는가에 대한 말씀이 나옵니다. 태어날 때 배꼽 줄을 자르지 않은 것 같고, 정결하게 물로 씻지도 않은 것 같은 사람들입니다. 소금을 뿌리지도 않은 - 당시에는 갓 태어난 아기를 소금으로 문지르는 관습이 있었다고 합니다 - 것 같고, 천하게 여겨져 들에 버려진 것 같은 너희를 내가 나의 백성 삼았다고 하나님은 말씀하십니다.

그런데 백성들은 이제 형통하고, 화려하며, 명성을 가지게 되니까 하나님을 떠났습니다. 음란한 행동을 하고, 가증한 우상을 섬기는 백성이 되었다는 것입니다. 하나님은 에스겔 16장 43절에 이렇게 말씀하십니다. "네가 어렸을 때를 기억하지 아니하고 이 모든 일로 나를 분노하게 하였은즉 내가 네 행위대로 네 머리에 보응하리니 네가 이 음란과 네 모든 가증한 일을 다시는 행하지 아니하리라 주 여호와의 말씀이니라"

하나님은 말씀하십니다. 이스라엘 너희가 어렸을 때를 기억하지 않았다고 말입니다. 너희들이 약할 때, 불쌍할 때, 고아와 같을 때, 포로 되었을 때, 종

되었을 때를 기억하지 않는다고 말입니다. 그것을 기억하지 않아서 음란과 가증한 일을 행하는 것이고, 하나님께서는 무서운 벌로 너희를 징계할 수밖에 없다고 말입니다.

이어서 60절에 이렇게 말씀하십니다. "그러나 내가 너의 어렸을 때 너와 세운 언약을 기억하고 너와 영원한 언약을 세우리라" 하나님은 말씀하십니다. 너희는 너희의 어렸을 때를 기억하지 못하지만, 나는 너희 어렸을 때 너희와 맺은 언약을 기억한다고 말입니다.

그렇습니다. 나는 기억하지 못하지만, 하나님은 기억하십니다. 우리가 죄악 가운데 있어도 하나님은 우리와의 약속을 잊지 않으시고, 우리가 하나님의 사람으로 변화되도록 이끄시고 인도하십니다.

죄 가운데 연약한 나를 기억하시는 하나님, 잊지 않으시는 하나님 앞에 겸손하게 나아가는 삶이 되기를 소망합니다.

나를 잊지 않으시는 하나님 앞에 겸손히 나아가게 하소서.

43 구약

조서에 왕의 도장이 찍힌 것을 알고도

다니엘 6장 1–28절

10. 다니엘이 이 조서에 왕의 도장이 찍힌 것을 알고도 자기 집에 돌아가서는 윗방에 올라가 예루살렘으로 향한 창문을 열고 전에 하던 대로 하루 세 번씩 무릎을 꿇고 기도하며 그의 하나님께 감사하였더라
26. 내가 이제 조서를 내리노라 내 나라 관할 아래에 있는 사람들은 다 다니엘의 하나님 앞에서 떨며 두려워할지니 그는 살아 계시는 하나님이시요 영원히 변하지 않으실 이시며 그의 나라는 멸망하지 아니할 것이요 그의 권세는 무궁할 것이며

이 시대 우리가 정말 고민해야 할 내용은 바로 "교회다움"이 무엇인가? 하는 것입니다. 교회의 교회다움이란 무엇일까요? 그리고 또 하나 고민해야 할 것은 "신자다움"입니다. 신자의 신자다움이란 무엇일까요? 그런데 이 두 내용은 결국 같은 내용입니다. 신자가 곧 교회이기 때문입니다. 교회가 교회다워지기 위해서는 신자가 신자다워져야 하고, 신자가 신자다워지면 교회는 교회다워집니다.

누군가는 이의를 제기할 수도 있습니다. "오늘날 교회의 문제가 목사의 문제이지, 신자의 문제인가요?"라고 말입니다. 일리가 있습니다. 그러나 잊지 말아야 할 것은 목사도 하나님 앞에 똑같은 신자라는 사실입니다.

다니엘서 6장에는 다니엘이 사자 굴에 들어가는 상황이 나옵니다. 다니엘을 시기하던 다른 고관들이 모사를 꾸몄기 때문입니다. 그들은 다니엘이 하는 일에서는 어떤 허물과 그릇됨을 찾지 못했다고 말합니다. 그래서 신앙의 문제를 가지고 다니엘을 고소할 거리를 만들어냈습니다(단 6:4-5). 왕 이외에 어떤 신에게나 사람에게 기도하면 사자 굴에 들어가게 된다는 조서가 내려진

것입니다. 그때 다니엘의 행동에 대하여 성경에서는 말하고 있습니다.

"다니엘이 이 조서에 왕의 도장이 찍힌 것을 알고도 자기 집에 돌아가서는 윗방에 올라가 예루살렘으로 향한 창문을 열고 전에 하던 대로 하루 세 번씩 무릎을 꿇고 기도하며 그의 하나님께 감사하였더라"(단 6:10)

신자답게 산다는 것은 자신이 하는 일에서 허물과 그릇됨 없이 최선을 다하는 것입니다. 그리고 신앙생활에서도 신자답게 믿음을 지키기 위해 최선을 다하는 것입니다.

눈앞에 보이는 불이익에도 신자다움을 지킨 다니엘, 그의 삶을 보며 이방 나라의 왕 다리오는 이렇게 말합니다.

"내가 다음과 같이 법령을 공포한다. 내 나라에서 나의 통치를 받는 모든 백성은 반드시 다니엘이 섬기는 하나님을 공경하고, 두려워하여야 한다. 살아 계신 하나님이 영원히 다스리신다. 그 나라는 멸망하지 않으며, 그의 권세 무궁하다"(단 6:26 표준새번역)

다니엘은 조서에 왕의 도장이 찍힌 것을 알고도 자신이 신자이기에 신자로서 해야 할 일을 했다고 성경은 말하고 있습니다. 신자답게 사는 일에 타협하지 않았고 피하지 않았습니다. 교회의 교회다움은 신자의 신자다움을 통해서 만들어진다는 사실을 기억해야 할 것입니다. 우리의 모습도 다니엘과 같기를 소망합니다.

오늘의 기도

신자다움을 위해 일하며, 교회다움을 세워가는 교회 공동체가 되게 하소서.

44 구약

알아야 사랑한다

호세아 6장 1–3절

1. 오라 우리가 여호와께로 돌아가자 여호와께서 우리를 찢으셨으나 도로 낫게 하실 것이요 우리를 치셨으나 싸매어 주실 것임이라
2. 여호와께서 이틀 후에 우리를 살리시며 셋째 날에 우리를 일으키시리니 우리가 그의 앞에서 살리라
3. 그러므로 우리가 여호와를 알자 힘써 여호와를 알자 그의 나타나심은 새벽 빛 같이 어김없나니 비와 같이, 땅을 적시는 늦은 비와 같이 우리에게 임하시리라 하니라

철학자 니체가 "유일한 논리적 그리스도인"이라고 지칭한 블레즈 파스칼은 그의 책 팡세에서 이런 말을 합니다. "하나님을 아는 것으로부터 하나님을 사랑하게 되기까지는 얼마나 거리가 먼 것인가?" 그렇습니다. 하나님을 아는 것에서 하나님을 사랑하는 데까지 이르는 것은 확실히 거리가 있습니다.

하나님께서는 호세아를 통하여 이스라엘에게 말씀하십니다. "오라 우리가 여호와께로 돌아가자 여호와께서 우리를 찢으셨으나 도로 낫게 하실 것이요 우리를 치셨으나 싸매어 주실 것임이라. 여호와께서 이틀 후에 우리를 살리시며 셋째 날에 우리를 일으키시리니 우리가 그의 앞에서 살리라. 그러므로 우리가 여호와를 알자 힘써 여호와를 알자 그의 나타나심은 새벽 빛 같이 어김없나니 비와 같이, 땅을 적시는 늦은 비와 같이 우리에게 임하시리라 하니라"(호 6:1-3)

하나님을 온전히 사랑하기 위해서는 먼저 하나님을 바르게 알아야 합니다. 이스라엘의 문제는 하나님을 알지 못해서 하나님이 싫어하시는 우상숭

배에 빠진 것입니다. 하나님은 이스라엘을 얼마나 사랑하시는지 호세아와 고멜의 결혼을 통해서 알려주십니다. 음란한 고멜은 우상숭배에 빠져있는 이스라엘의 모습을 말하는 것입니다. 그러한 그녀를 아내로 삼으라고 호세아에게 주신 명령은 이스라엘을 사랑하는 하나님이 그러하다는 것을 보여주는 것입니다.

신앙생활을 하면서 우리가 반드시 깨달아야 할 내용이 있습니다. 그것은 바로 하나님의 사랑이 얼마나 큰 것인가 하는 것입니다. 하나님은 절대로 택하신 백성을 포기하지 않으십니다. 때로 우리 삶의 한 부분을 찢기도 하십니다. 우리를 치시기도 하십니다. 그러나 그 모든 것은 하나님 아버지의 "자식 만들기"의 일환이라는 것입니다.

우리가 여호와를 알게 되면, 하나님이 우리를 얼마나 사랑하시는지를 알게 됩니다. 하나님이 우리를 얼마나 사랑하시는지를 알게 되면, 우리도 하나님을 사랑하게 될 것입니다. 다만 육신의 자녀들이 어버이의 사랑을 늦게 깨닫고 안타까워하는 것처럼, 우리가 하나님 아버지의 사랑을 늦게 깨닫지 않기를 바랄 뿐입니다.

여호와를 힘써 알고, 그 사랑을 느끼며, 그 사랑 안에서 평안하기를 소망합니다.

오늘의 기도

하나님을 알고자 힘쓰고, 하나님의 깊은 사랑을 느끼며 살게 하소서.

45 구약 늦은 회개는 없다

요엘 2장 12–13절

12. 여호와의 말씀에 너희는 이제라도 금식하고 울며 애통하고 마음을 다하여 내게로 돌아오라 하셨나니
13. 너희는 옷을 찢지 말고 마음을 찢고 너희 하나님 여호와께로 돌아올지어다 그는 은혜로우시며 자비로우시며 노하기를 더디하시며 인애가 크시사 뜻을 돌이켜 재앙을 내리지 아니하시나니

요엘은 남유다가 멸망하기 직전에 사역했던 선지자입니다. 요엘이라는 이름은 '여호와는 하나님이시다'라는 뜻입니다. 요엘은 하나님께 죄를 지으면서도 회개하지 않고, 술에 취하여 심판은 없을 것이라는 안일한 마음으로 살고 있는 남유다 백성들에게 선포하고 있습니다. 가뭄과 메뚜기 떼의 습격을 통해 하나님의 심판이 임박하였음을 경고하고 있습니다.

메뚜기의 공격이 왜 심판의 전조가 될까요? 신명기에 기록된 복과 저주의 내용이 있습니다. 신명기 28장 28절 가뭄과 38절 메뚜기 떼의 습격이 그들의 불순종에 따른 심판의 저주라고 기록하고 있기 때문입니다.

요엘 2장 12-13절에 이렇게 말씀합니다. "여호와의 말씀에 너희는 이제라도 금식하고 울며 애통하고 마음을 다하여 내게로 돌아오라 하셨나니 너희는 옷을 찢지 말고 마음을 찢고 너희 하나님 여호와께로 돌아올지어다 그는 은혜로우시며 자비로우시며 노하기를 더디하시며 인애가 크시사 뜻을 돌이켜 재앙을 내리지 아니하시나니"

요엘은 말합니다. '이제라도' 너희가 금식하고 애통하며 옷을 찢는 형식적인 회개가 아니라 마음을 찢는 진실한 회개를 통하여 하나님께 돌아오라고, 그러면 하나님의 용서와 함께 진노의 재앙을 멈추신다고 말입니다. '이제라도'라는 표현이 참 마음에 와닿습니다. 또 다른 성경의 번역에서는 '지금이라도'라고 표현하고 있는데 이것은 '아직 늦지 않았다'라는 의미입니다.

회개는 늦은 회개가 없습니다. 중요한 것은 반드시 죄를 자백하고, 돌아서야 한다는 것입니다. 회개한 자들에게 하나님은 반드시 회복의 은혜를 주십니다. "시온의 자녀들아 너희는 너희 하나님 여호와로 말미암아 기뻐하며 즐거워할지어다 그가 너희를 위하여 비를 내리시되 이른 비를 너희에게 적당하게 주시리니 이른 비와 늦은 비가 예전과 같을 것이라"(욜 2:23)

팔레스타인 지역은 비가 많이 내리지 않기에 파종 때에 필요한 이른 비와 수확 때에 곡식을 여물게 하는 늦은 비가 꼭 필요했습니다. 하나님은 이제라도 회개한 자들에게 이른 비와 늦은 비를 허락하신다고 말씀하셨습니다.

적당히 내리는 이른 비와 늦은 비, 그것은 하나님의 인도하심입니다. 회개하여 하나님과 함께 하는 복된 삶이 되기를 소망합니다.

오늘의 기도

회개할 수 있다는 것이 은혜이고, 회개가 복이라는 사실을 기억하게 하소서.

46 구약

언제나 하나님께로 돌아갔다

아모스 4장 6-13절

6. 또 내가 너희 모든 성읍에서 너희 이를 깨끗하게 하며 너희의 각 처소에서 양식이 떨어지게 하였으나 너희가 내게로 돌아오지 아니하였느니라 여호와의 말씀이니라
7. 또 추수하기 석 달 전에 내가 너희에게 비를 멈추게 하여 어떤 성읍에는 내리고 어떤 성읍에는 내리지 않게 하였더니 땅 한 부분은 비를 얻고 한 부분은 비를 얻지 못하여 말랐으매
8. 두 세 성읍 사람이 어떤 성읍으로 비틀거리며 물을 마시러 가서 만족하게 마시지 못하였으나 너희가 내게로 돌아오지 아니하였느니라 여호와의 말씀이니라
9. 내가 곡식을 마르게 하는 재앙과 깜부기 재앙으로 너희를 쳤으며 팥중이로 너희의 많은 동산과 포도원과 무화과나무와 감람나무를 다 먹게 하였으나 너희가 내게로 돌아오지 아니하였느니라 여호와의 말씀이니라
10. 내가 너희 중에 전염병 보내기를 애굽에서 한 것처럼 하였으며 칼로 너희 청년들을 죽였으며 너희 말들을 노략하게 하며 너희 진영의 악취로 코를 찌르게 하였으나 너희가 내게로 돌아오지 아니하였느니라 여호와의 말씀이니라
11. 내가 너희 중의 성읍 무너뜨리기를 하나님인 내가 소돔과 고모라를 무너뜨림 같이 하였으므로 너희가 불붙는 가운데서 빼낸 나무 조각 같이 되었으나 너희가 내게로 돌아오지 아니하였느니라 여호와의 말씀이니라

아모스 4장 6절 이하에 계속해서 등장하는 표현이 있습니다. 그것은 바로 "너희가 내게로 돌아오지 아니하였느니라"라는 말씀입니다. 하나님의 백성들이 하나님께 돌아가지 아니한 이유가 무엇일까요? 인생이 너무 잘 풀려서 하나님을 잃어버린 것일까요? 하나님이 필요 없을 만큼 풍족해서였을까요?

그렇지 않습니다. 성경은 6절에서 "너희의 각 처소에 양식이 떨어지게 하였으나", 7절에는 "비를 내리지 않게 하였으나", 9절에는 "곡식을 마르게 하는 재앙과 열매들을 손상시키는 병들을 내렸으나", 10절에는 "전염병으로 인한 죽음을 보냈으나", 11절에는 "성읍이 무너지게 하였으나"라고 합니다. 그런데

도 너희가 내게로 돌아오지 않았다고 말씀하십니다.

신앙이 깊어지면 고난과 심판이 얼마나 큰 하나님의 은혜인가를 알게 됩니다. 왜냐하면 고난과 심판 속에서 우리의 죄를 깨달아 하나님께로 돌이키고 더 깊은 곳으로 나아가는 은혜를 경험하기 때문이다.

고난 속에서도, 심판 속에서도 하나님께 돌아가지 않는 사람들이 있습니다. 이처럼 안타까운 일은 없을 것입니다. 그래서 성경은 시편 49편 20절에 "존귀하나 깨닫지 못하는 사람은 멸망하는 짐승 같도다"라고 말하는지도 모르겠습니다.

아모스 4장에서 하나님은 하나님께로 돌아오지 않는 이스라엘을 안타까워 하면서 이렇게 말씀하십니다. "그러므로 이스라엘아 내가 이와 같이 네게 행하리라 내가 이것을 네게 행하리니 이스라엘아 네 하나님 만나기를 준비하라"(암 4:12)

하나님은 우리가 하나님께로 나오기를 원하십니다. 우리의 삶이 "너희가 내게로 돌아오지 아니하였다"라는 책망을 받지 않아야 할 것입니다. 말씀을 통해 나의 모습을 돌아보고, 하나님께로 향하는 삶이 되기를 소망합니다.

오늘의 기도

하나님 만나기를 준비하는 교회가 되게 하소서.

47
구약

그래서 기도할 수 있습니다

요나 1장 17절 – 2장 10절

1장

7. 여호와께서 이미 큰 물고기를 예비하사 요나를 삼키게 하셨으므로 요나가 밤낮 삼 일을 물고기 뱃속에 있으니라

2장

9. 나는 감사하는 목소리로 주께 제사를 드리며 나의 서원을 주께 갚겠나이다 구원은 여호와께 속하였나이다 하니라

10. 여호와께서 그 물고기에게 말씀하시매 요나를 육지에 토하니라

요나서는 참 재미있는 선지서입니다. 왜냐하면 다른 선지서와 다르게 선지자가 하나님의 말씀을 순종하지 않는 내용이 기록되어 있기 때문입니다.

앗수르의 수도 니느웨에 가서 회개를 선포하라는 하나님의 말씀이 싫어서 요나는 다시스로 도망합니다. 다시스는 니느웨의 정반대 방향입니다. 당시 사람들에게 땅의 끝이라고 여겨졌기에 요나는 정말 땅끝까지 도망을 가고 있는 것입니다. 하나님은 그런 요나에게 초자연적인 역사를 일으켜서 바다에 던져지게 했습니다. 큰 물고기의 뱃속에 들어가게 하셨습니다.

요나서 1장 17절에 “이미 큰 물고기를 예비하사”라고 말씀하는데, “예비하사”라는 단어는 요나서에 네 번 나옵니다. 이 단어는 “지정하사, 지정해 두신”이라는 말로도 번역됩니다. 하나님은 요나가 어떻게 반응할 줄 아셨고, 그 반응을 따라 지정해 두신 큰 물고기를 사용하셨습니다.

요나가 큰 물고기 뱃속에 삼 일을 있을 때 그는 하나님께 기도했습니다.

그런데 생각해 보면 요나가 할 수 있는 일은 기도 외에 아무것도 없었습니다. 물고기 뱃속에서 무엇을 할 수 있었겠습니까?

하나님은 때로 기도 외에 아무것도 할 수 없는 상황에 우리를 놓아 두십니다. 그래야만 온전하게 하나님을 의지하기 때문입니다. 우리 삶에 죽은 것과 같은 시간, 아무것도 할 수 없는 시간, 그 막막한 시간이 필요한 것은 오로지 하나님께 매달리고, 하나님께 집중할 수 있기 때문입니다. 요나는 바다 한가운데 던져졌지만, 큰 물고기 뱃속에서 삼 일을 지내고 토해진 곳은 육지(욘 2:10)였습니다. 요나가 아무것도 할 수 없었던 그 시간에, 하나님은 큰 물고기를 육지로 향하게 하신 것입니다. 요나에게 죽은 것과 같은 시간, 모든 것이 멈춘 시간이었지만 하나님은 여전히 일하고 계셨던 것입니다.

아무것도 할 수 없는 순간, 무엇을 해야 할지 모르는 순간, 그래서 옴짝달싹 못 하는 답답한 시간이 있으십니까? 기도할 수 있으니 얼마나 감사한 일인지 깨달아야 합니다. 그 시간에도 하나님은 여전히 일하고 계시다는 것을 믿어야 합니다. 기도할 수 있다는 사실을 기억하고, 여전히 일하고 계신 하나님을 놓치지 않기를 소망합니다.

오늘의 기도

아무것도 할 수 없기에 주님께 집중합니다. 여전히 인도하시는 주님을 따라가게 하소서.

48
구약

끝까지 잘 마치는 것이 중요합니다

나훔 1 – 3장

1:12. 여호와께서 이같이 말씀하시기를 그들이 비록 강하고 많을지라도 반드시 멸절을 당하리니 그가 없어지리라 내가 전에는 너를 괴롭혔으나 다시는 너를 괴롭히지 아니할 것이라

목회하면서 참 많은 사람을 만납니다. 그중에 가장 힘든 사람은 목회 훈수를 두는 사람입니다. 물론 목사도 목회를 배우고 깨달아야 하는 사람임에 틀림없습니다. 그러나 대부분의 훈수는 자신이 경험했던 단편적이고도 편협한 수준인 경우가 많습니다. 이런 경우 특별히 뭐라고 말하지는 않습니다. 그 정도 생각을 하는 사람에게는 뭐라 말해도 귀담아듣지 않는, 소위 답이 없기 때문입니다.

목회를 위해서 개척하기 전에 50여 권의 책을 읽었습니다. 지금까지도 계속 읽고 있기에 최소 100권이 훌쩍 넘는 책을 읽은 것 같습니다. 부교역자로 20여 년을 사역했고, 담임목사로는 10년 넘게 사역하고 있습니다. 이 과정에서 나의 가장 큰 고민은 '진짜 목회가 무엇인가?', '어떻게 목회하는 것이 가치 있고 옳은 것인가?'라는 것입니다. 그래서 늘 배우고 고민하는 것입니다.

배우고 고민하면서 목회하고 있는 나에게 목회에 대한 훈수를 두는 분은 너무나 쉽고 간단하게 이야기합니다. 그런 이야기를 들을 때마다 마음속에 공허함이 밀려옵니다. '나의 목회가 그렇게 하찮게 보였는가, 그래서 그렇게 쉽게 말하는 것인가'하는 생각에 안타까움과 두려움마저 느끼게 됩니다.

제가 작은 교회를 섬기고 있지만 큰 교회(?), 큰 목회(?)를 부러워한 적은 거의 없습니다. - 큰 교회, 큰 목회에 물음표를 붙인 것은 도대체 무엇이 큰 교회며, 큰 목회인가에 대해 생각해 보자는 것입니다. - 단순히 "큰 교회, 큰 목회

가 좋은 것인가?"라는 질문에 저는 단연코 "아니다"라고 말할 수 있습니다. 좋은 교회, 좋은 목회는 교회의 교회다움에 있습니다. 그것은 교회의 가치와 의미가 무엇인지를 아는 데서 비롯되기 때문입니다.

나훔서는 참 아이러니한 말씀입니다. 이 말씀은 니느웨(앗수르)의 멸망에 대한 말씀이기 때문입니다. 왜 니느웨의 멸망이 아이러니할까요? 그것은 나훔서보다 앞서 기록된 요나서가 있기 때문입니다. 요나가 니느웨에 심판과 회개를 선포했을 때 그들은 하나님 앞에 회개하여 멸망을 면했던 적이 있습니다. 그런데 그로부터 100여 년이 지난 후 결국 니느웨는 멸망하고 말았습니다. 그렇다면 회개했던 니느웨는 왜 100여 년이 지나서 결국 망하게 되었을까요? 그것은 그들이 요나를 통해 경험했던 부흥을 잊어버리고 폭력과 우상숭배와 교만의 습관으로 되돌아갔기 때문입니다.

개척하면서 그런 기도를 한 적이 있습니다.

"하나님, 이 교회가 50년, 100년 가는 교회가 아니라 몇백 년, 아니 예수님 다시 오실 때까지 존재하는 그런 교회가 되게 해 주십시오"라고 말입니다.

큰 교회 담임목사였다는 말보다 "말씀으로 바른 교회를 형성했다"라는 말을 듣고 싶습니다. "사명에 따라 목회를 끝까지 잘 마쳤다"라는 말을 듣고 싶습니다. 그것을 위해 지금 감당해야 할 것을 타협하거나 피하지 않으려고 합니다.

나에게 바른 믿음, 바른 교회는 어떤 것인지 생각하고 묵상해 보는 하루가 되기를 소망합니다.

오늘의 기도

무엇이 바른 믿음이고, 바른 교회인지 분별하여 끝까지 잘 마치는 삶이 되게 하소서.

49

구약

성숙한 믿음은 하나님 만으로 입니다

하박국 3장 17-18절

17. 비록 무화과나무가 무성하지 못하며 포도나무에 열매가 없으며 감람나무에 소출이 없으며 밭에 먹을 것이 없으며 우리에 양이 없으며 외양간에 소가 없을지라도
18. 나는 여호와로 말미암아 즐거워하며 나의 구원의 하나님으로 말미암아 기뻐하리로다

사람들은 믿음 생활을 시작하면서 일차적으로 환경과 조건의 개선을 기대합니다. 이러한 기대는 많은 사람이 갖는 보통의 마음일 것입니다. 그러나 우리가 경험하는 것은 우리가 생각하는 것만큼 환경과 조건의 개선으로 돌아오지 않는다는 것입니다. 그래서 사람들은 실망하고 좌절하기도 합니다.

하박국 말씀에서 바로 이런 상황이 등장합니다. 하박국 선지자는 하나님이 살아 계신다면 어떻게 세상의 악이 이렇게 가득할 수 있습니까? 어떻게 악이 승리하고 선이 패배합니까? 어떻게 하나님의 백성들이 이방인에 의하여 심판을 받아 고난을 겪습니까? 하는 것을 고민하면서 하나님께 질문하고 있습니다.

그런데 하박국 선지자가 3장 17-18절에 이런 고백을 합니다. "비록 무화과나무가 무성하지 못하며 포도나무에 열매가 없으며 감람나무에 소출이 없으며 밭에 먹을 것이 없으며 우리에 양이 없으며 외양간에 소가 없을지라도. 나는 여호와로 말미암아 즐거워하며 나의 구원의 하나님으로 말미암아 기뻐하리로다"

하박국 선지자가 생각한 믿음은 환경과 조건의 개선이었습니다. 믿음 생활을 하면 마땅히 지금보다 더 좋은 환경이 만들어지고, 더 좋은 일들이 일어날 것이라고 믿습니다. 그런데 하박국 선지자는 하나님께 묻고, 하나님의 응답을 들으며 결론이 바뀌었습니다. 환경과 조건의 개선이 없어도 하나님을 즐거워하고, 하나님을 기뻐하는 것으로 말입니다.

우리의 신앙은 어떤 모습입니까? 환경과 조건의 개선을 목표로 하는 신앙입니까? 아니면 하나님이 나의 하나님이 되어 주시고, 나의 구원자가 되어 주셨다는 것만으로 기쁨과 감격이 있는 신앙입니까?

환경과 조건의 개선을 목표로 하는 신앙을 넘어 하나님이 나의 아버지가 되어 주셨다는 것만으로도 감사할 수 있는, 그런 믿음의 자녀가 되기를 소망합니다.

환경과 조건이 아닌 하나님만으로 기쁨과 감사를 느끼는 삶이 되게 하소서.

50 구약

빗소리와 휘파람 소리

스가랴 10장 1, 8절

1. 봄비가 올 때에 여호와 곧 구름을 일게 하시는 여호와께 비를 구하라 무리에게 소낙비를 내려서 밭의 채소를 각 사람에게 주시리라
8. 내가 그들을 향하여 휘파람을 불어 그들을 모을 것은 내가 그들을 구속하였음이라 그들이 전에 번성하던 것 같이 번성하리라

스가랴 10장을 읽으면서 깊이 묵상하게 되는 두 개의 구절이 있습니다. 하나는 10장 1절의 말씀입니다.

"너희는 봄철에 비를 내려 달라고 주님께 빌어라. 비구름을 일게 하시는 분은 주님이시다. 주님께서 사람들에게 소나기를 주시며, 각 사람에게 밭의 채소를 주신다"(표준새번역)

교회학교 사역을 할 때 들은 이야기입니다. 어느 날 한 아이가 교회에 와서 선생님께 울면서 말했습니다. "하나님은 기도에 응답하시지 않는 분"이라고 말입니다. 왜 그러냐고 물었더니 아이는 소풍 때 비가 오지 않게 해달라고 기도했는데, 비가 와서 소풍을 가지 못했다는 것이었습니다. 선생님은 아이의 말에 이렇게 대답했다고 합니다. 그날 반드시 비가 내려야만 했던 다른 이가 있었을 것이라고, 그 사람은 너보다 더 간절히, 그리고 더 오래전부터 그날 비가 내리게 해달라고 기도했을 것이라고 말입니다.

우리는 하나님께서 날씨를 주관하시는 분임을 믿고 있습니까? 날씨를 위해서 기도하고 있습니까? 교회학교 아이처럼 신앙에 대하여, 하나님에 대하

여 순수함이 남아 있습니까?

다른 구절은 스가랴 10장 8절의 말씀입니다. "내가 그들을 향하여 휘파람을 불어 그들을 모을 것은 내가 그들을 구속하였음이라 그들이 전에 번성하던 것 같이 번성하리라"

당시에 휘파람은 목자들이 양을 불러 모으는 방법이었습니다. 목자와 양은 서로 간에 휘파람 소리를 알아들을 수 있는 관계였습니다.

하나님과 나의 관계가 목자와 양처럼, 하나님이 나를 향하여 휘파람을 불 때, 나는 그 휘파람 소리를 알아들을 수 있는 사람인지 모르겠습니다. 만일 아무것도 알아듣지 못한다면 목자이신 하나님과의 관계를 점검해야 할 것입니다.

기도의 응답으로서의 빗소리와 나를 부르시는 휘파람 소리를 알아 들을 수 있는 하나님 나라의 백성이 되기를 소망합니다.

오늘의 기도

하나님의 휘파람 소리를 듣는 삶이 되게 하시며, 순수한 기도가 살아있는 교회가 되게 하소서.

일상에서 하나님을 만나다

신약

01
신약

영원히 거할 곳은 어디인가?

마태복음 5장 29–30절

29. 만일 네 오른 눈이 너로 실족하게 하거든 빼어 내버리라 네 백체 중 하나가 없어지고 온 몸이 지옥에 던져지지 않는 것이 유익하며
30. 또한 만일 네 오른손이 너로 실족하게 하거든 찍어 내버리라 네 백체 중 하나가 없어지고 온 몸이 지옥에 던져지지 않는 것이 유익하니라

"신과 함께"라는 제목의 영화를 보았습니다. 영화는 불교적 관점에서 이승과 저승, 그리고 천당과 지옥을 말하고 있습니다. 우리가 말하는 천국과 지옥의 개념과는 차이가 있습니다. 그래서 기독교인들은 영화에 대한 부정적인 의견을 내놓기도 합니다.

그럼에도 불구하고 영화를 통하여 한 가지 긍정적인 것을 생각해 보았습니다. 그것은 바로 현대인에게 "천국과 지옥"에 대한 개념을 전달하고 있다는 것입니다.

현대인의 가장 큰 문제는 기독교를 비롯하여 불교, 천주교 등 종교에 대해서 아예 관심이 없다는 것입니다. 오로지 현재가 전부이고, 이 시간이 지나면 아무것도 없는 것처럼 살고 있습니다. 그러다 보니 물질이 모든 것의 신이 되어 있습니다. 오직 나밖에 없는 인생, 나만 아는 시선을 가지다 보니 "나"라는 우상에 빠지는 것은 당연한 일이 된 것입니다. 내세를 생각할 줄 모르는 현대인들에게 어떠한 모양이든 다음 세상이 있다는 것을 말한다는 점에서 그나마 다행이라는 생각을 해보았습니다.

마태복음 5장 29-30절은 이렇게 말씀합니다. "만일 네 오른 눈이 너로 실

족하게 하거든 빼어 내버리라 네 백체 중 하나가 없어지고 온 몸이 지옥에 던져지지 않는 것이 유익하며 또한 만일 네 오른손이 너로 실족하게 하거든 찍어 내버리라 네 백체 중 하나가 없어지고 온 몸이 지옥에 던져지지 않는 것이 유익하니라"

이 얼마나 무서운 말씀입니까? 눈이 죄를 지으면 빼 버리고, 손이 죄를 지으면 잘라버리라니 이것만큼 섬뜩한 말씀이 또 어디 있겠습니까? 그러나 이 말씀이 정말로 하고 싶은 말은 바로 지옥입니다. 지옥은 절대로 가면 안 되는 곳, 진짜 무섭고 섬뜩한 곳이며 가장 비참한 곳이라는 것을 강조하고 있습니다.

우리는 지옥에 대해서 얼마나 생각하며 살고 있을까요? 하나님의 사랑을 강조하면서 공의를 우습게 여기는 것은 아닌지 돌아봅니다. 우리에게 빼내야 할 눈과 잘라버려야 할 손은 없는지도 돌아봅니다.

문득 어떤 분의 이야기가 생각납니다. "겨우 지옥에 가기 싫어서 예수 믿냐?"라는 말입니다. 지옥은 "겨우"가 아닙니다. 그곳에 가지 않을 수 있다면 모든 것을 걸어서라도 가지 않아야 하는 곳입니다.

우리의 삶이 천국을 사모하는 것만큼 지옥을 두려워할 줄 알아야 합니다. 그래서 하나님의 사랑과 예수 그리스도의 은혜에 반응해야 합니다. 철저한 성도의 삶이 되기를 소망합니다.

오늘의 기도

구원의 은혜에 감사하고 지옥을 두려워하여 죄를 멀리하는 삶을 살게 하소서.

02 신약

내가 진짜 두려워해야 할 것

마태복음 8장 28-34절

28. 또 예수께서 건너편 가다라 지방에 가시매 귀신 들린 자 둘이 무덤 사이에서 나와 예수를 만나니 그들은 몹시 사나워 아무도 그 길로 지나갈 수 없을 지경이더라
29. 이에 그들이 소리 질러 이르되 하나님의 아들이여 우리가 당신과 무슨 상관이 있나이까 때가 이르기 전에 우리를 괴롭게 하려고 여기 오셨나이까 하더니
30. 마침 멀리서 많은 돼지 떼가 먹고 있는지라
31. 귀신들이 예수께 간구하여 이르되 만일 우리를 쫓아 내시려면 돼지 떼에 들여 보내 주소서 하니
32. 그들에게 가라 하시니 귀신들이 나와서 돼지에게로 들어가는지라 온 떼가 비탈로 내리달아 바다에 들어가서 물에서 몰사하거늘
33. 치던 자들이 달아나 시내에 들어가 이 모든 일과 귀신 들린 자의 일을 고하니
34. 온 시내가 예수를 만나려고 나가서 보고 그 지방에서 떠나시기를 간구하더라

예수님은 어떤 분이신가요? 첫 번째는 자연을 다스리시는 분이십니다. 갈릴리 바다(호수)의 풍랑을 마주하며 평생을 어부로 살았던 제자들마저 쩔쩔매는 상황이지만 말씀으로 고요하게 하셨습니다. "예수께서 이르시되 어찌하여 무서워하느냐 믿음이 작은 자들아 하시고 곧 일어나사 바람과 바다를 꾸짖으시니 아주 잔잔하게 되거늘"(마 8:26)

두 번째는 영적인 세계를 다스리시는 분이십니다. 마태복음 8장 28절 이하에 보면 사람에게 들어간 귀신이 예수님을 먼저 알아봅니다. 쫓아내시려거든 돼지 떼에 들어가게 해달라고 요청하자 예수님은 그것을 허락하십니다. 귀신들은 나와서 돼지에게 들어가고 온 떼가 비탈로 내리달아 바다에 빠지게 됩니다.

돼지들이 몰살한 소식을 들은 사람들이 예수님께 몰려와서 이렇게 말

합니다. "온 읍내 사람들이 예수를 만나러 나왔다. 그들은 예수를 보고, 자기네 지역을 떠나 달라고 간청하였다."(마 8:34 표준새번역)

사람들이 왜 예수님께 나아와서 자기네 동네를 떠나달라고 요청했을까요? 그것은 예수님이 귀신을 돼지 떼에게 보내서 돼지 떼가 몰살되었기 때문입니다. 그들은 혹여나 자신들의 재산에 불이익이 생길까 하여 예수님을 동네에서 나가달라고 말한 것입니다.

가다라 지방 사람들의 반응을 보면서 그들이 느꼈을 두려움을 생각해 봅니다. 그들의 두려움은 오로지 물질에 있었습니다. 물질을 잃는 것을 두려워하여 만물을 다스리는 권세자를 외면한 것입니다.

때로 우리 삶에도 여러 가지 두려움이 몰려옵니다. 눈에 보이는 영역의 두려움과 눈에 보이지 않는 영역의 두려움이 있습니다. 성도가 가다라 지방의 사람들이 가졌던 두려움만 가지고 있다면 그것은 정말 부끄러운 일일 것입니다. 성도는 눈에 보이지 않는 영적인 것들을 두려워해야 합니다. 예수님은 눈에 보이는 영역과 보이지 않는 모든 영역을 다스리십니다.

우리가 진정으로 두려워해야 할 것은 눈에 보이는 영역이나, 눈에 보이지 않는 영역이 아닙니다. 만물의 통치자이신 예수님을 온전히 의지하는가를 생각해야 합니다. 그분을 떠나있다면, 멀어지고 있다면 진정으로 두려워해야 합니다. 우리가 두려워해야 할 대상이 누구인지 명확하게 알게 되기를 소망합니다.

오늘의 기도

주님을 온전히 의지합니다. 내 안에 모든 두려움과 한숨이 떠나가게 하옵소서.

03 신약

예수님을 따르는 삶

마태복음 12장 14-21절

14. 바리새인들이 나가서 어떻게 하여 예수를 죽일까 의논하거늘
15. 예수께서 아시고 거기를 떠나가시니 많은 사람이 따르는지라 예수께서 그들의 병을 다 고치시고
16. 자기를 나타내지 말라 경고하셨으니
17. 이는 선지자 이사야를 통하여 말씀하신 바
18. 보라 내가 택한 종 곧 내 마음에 기뻐하는 바 내가 사랑하는 자로다 내가 내 영을 그에게 줄 터이니 그가 심판을 이방에 알게 하리라
19. 그는 다투지도 아니하며 들레지도 아니하리니 아무도 길에서 그 소리를 듣지 못하리라
20. 상한 갈대를 꺾지 아니하며 꺼져가는 심지를 끄지 아니하기를 심판하여 이길 때까지 하리니
21. 또한 이방들이 그의 이름을 바라리라 함을 이루려 하심이니라

예수님이 공생애를 통하여 우리에게 보이신 삶의 모습과 예수를 믿는 우리가 추구하는 삶의 모습은 많은 부분이 다릅니다.

마태복음 12장 14-16절은 말씀합니다. "바리새인들이 나가서 어떻게 하여 예수를 죽일까 의논하거늘 예수께서 아시고 거기를 떠나가시니 많은 사람이 따르는지라 예수께서 그들의 병을 다 고치시고 자기를 나타내지 말라 경고하셨으니"

예수님은 죄인인 우리를 구원하기 위하여 이 땅에 오셨지만, 모든 이들에게 인정받지는 못하셨습니다. 극단적으로 예수님을 죽이려고 했던 사람들까지 있었으니 말입니다. 예수님은 행하시는 일이 사람들에게 알려지고 칭송

받는 것을 거부하셨습니다. 이러한 예수님의 모습과 오늘 우리의 모습은 얼마나 다른지 생각해 봅니다. 우리는 세상에서 인정받고 칭찬받기를 원합니다. 남보다 높은 지위에 올라가거나 더 많은 것을 가지고 사람들의 시선을 받기 원합니다.

그러나 예수님은 세상에 계실 때 우리가 원하는 인정과 칭찬을 받지 않으셨다는 것입니다. 예수님이 이 땅에서 사셨던 삶과 우리의 삶이 왜 이렇게 다를까요? 어떻게 하면 예수님처럼 살 수 있는 것일까요?

우리는 예수님을 따르고, 예수님처럼 살고 싶다고 말합니다. 그러나 우리의 삶이 예수님과 다른 것은 온전히 믿지 않기 때문입니다. 예수님의 진정한 가르침을 믿지 않기 때문에 그런 것입니다. 온전한 믿음으로 그 길을 따른다면 우리가 추구하는 방향은 지금과는 다를 것입니다.

예수님 가신 길을 가야합니다. 나의 삶, 우리의 삶이 예수를 잘 믿고 따라가는 진정한 성도의 모습이 되어야 합니다. 그렇게 인도하시는 성령 하나님을 믿으며 나아가기를 소망합니다.

오늘의 기도

예수님처럼 살기 위하여 예수님 가신 길을 따르게 하소서.

04 신약

믿음이란 기억하는 것이다

마태복음 16장 6–11절

6. 예수께서 이르시되 삼가 바리새인과 사두개인들의 누룩을 주의하라 하시니
7. 제자들이 서로 논의하여 이르되 우리가 떡을 가져오지 아니하였도다 하거늘
8. 예수께서 아시고 이르시되 믿음이 작은 자들아 어찌 떡이 없으므로 서로 논의하느냐
9. 너희가 아직도 깨닫지 못하느냐 떡 다섯 개로 오천 명을 먹이고 주운 것이 몇 바구니며
10. 떡 일곱 개로 사천 명을 먹이고 주운 것이 몇 광주리였는지를 기억하지 못하느냐
11. 어찌 내 말한 것이 떡에 관함이 아닌 줄을 깨닫지 못하느냐 오직 바리새인과 사두개인들의 누룩을 주의하라 하시니

어떤 목사가 1년 동안 창조주 없는 삶, 종교 없이 살아보고 난 후에 무신론자가 되었다는 기사를 접했습니다. 그는 12개월 동안 "주가 없는 생활"이라는 블로그에 자기의 일상을 기록했습니다. 한 신문사와 인터뷰에서 자신은 더 이상 신의 존재를 믿지 않는다고 말했습니다. 기사를 읽으면서 느꼈던 것이 있습니다. 첫째는 그는 애초에 하나님을 버리기로 했다는 것입니다. 그렇지 않고서야 어떻게 "주가 없는 생활"이라는 블로그를 만들고 하나님이 없다는 것을 증명하려고 시도할 수 있겠습니까. 둘째는 그가 왜 그런 지경에 이르게 되었을까 하는 것입니다. 목사라면 하나님의 은혜를 경험했을 텐데 말입니다. 그가 비록 일반적인 개신교가 아니라 안식일교의 목사라고 하지만 말입니다.

마태복음 16장에는 예수님께서 제자들을 꾸짖으시는 장면이 나옵니

다. 6절에 "예수께서 이르시되 삼가 바리새인과 사두개인들의 누룩을 주의하라" 말씀하시니 제자들이 7절에 "서로 논의하여 이르되 우리가 떡을 가져오지 아니하였도다"라는 말을 하며 예수님의 말씀을 오해합니다. 그러자 예수님께서 이렇게 말씀하십니다.

"예수께서 이것을 아시고 말씀하셨다. '믿음이 적은 사람들아, 어찌하여 너희는 빵이 없다는 것을 두고 서로 수군거리느냐? 너희는 아직도 깨닫지 못하느냐? 오천 명이 먹은 그 빵 다섯 개를 기억하지 못하느냐? 부스러기를 몇 광주리나 거두었더냐? 또한 사천 명이 먹은 그 빵 일곱 개를 기억하지 못하느냐? 부스러기를 몇 광주리나 거두었더냐? 내가 빵을 두고 너희에게 말한 것이 아님을, 너희는 어찌하여 깨닫지 못하느냐?'" (마 16:8-11 표준새번역)

예수님께서 주의하라 하신 "누룩"은 그들의 "교훈"을 조심하라는 것입니다. 제자들은 그 말씀을 제대로 이해하지 못했습니다. 예수님은 제자들에게 "믿음이 적기 때문"이라고 말씀하십니다. 믿음이 적기 때문에 오천 명을 먹이신 것, 사천 명을 먹이신 것이 기억나지 않는 것입니다.

그런 면에서 믿음은 "기억하는 것"이 아닐까 싶습니다. 내 삶에서 일하신 하나님의 역사를 놓치지 않고 기억하는 것, 그것이 바로 믿음입니다. 지금도 여전히 우리와 함께 하시는 주님을 기억하며, 동행하는 삶이 되기를 소망합니다.

오늘의 기도

내 삶에 일하신 하나님을 기억하게 하소서.

05 신약

더 많이 일한 것이 복입니다

마태복음 20장 1-16절

1. 천국은 마치 품꾼을 얻어 포도원에 들여보내려고 이른 아침에 나간 집 주인과 같으니
2. 그가 하루 한 데나리온씩 품꾼들과 약속하여 포도원에 들여보내고
3. 또 제삼시에 나가 보니 장터에 놀고 서 있는 사람들이 또 있는지라
4. 그들에게 이르되 너희도 포도원에 들어가라 내가 너희에게 상당하게 주리라 하니 그들이 가고
5. 제육시와 제구시에 또 나가 그와 같이 하고
6. 제십일시에도 나가 보니 서 있는 사람들이 또 있는지라 이르되 너희는 어찌하여 종일토록 놀고 여기 서 있느냐
7. 이르되 우리를 품꾼으로 쓰는 이가 없음이니이다 이르되 너희도 포도원에 들어가라 하니라

창세기 3장에는 하나님께서 우리에게 주신 약속, 행위언약인 하나님의 첫 번째 법(法)을 어긴 사람의 이야기가 나옵니다. 법을 어긴 그들에게 내린 벌 중에 하나는 "땅이 너로 말미암아 저주를 받고 너는 네 평생에 수고하여야 소산을 먹으리라"(창 3:17)라는 말씀입니다. 그로 인하여 사람은 노동의 기쁨을 잃어버리게 됩니다. 타락한 인간의 모습 중 하나가 '어떻게 하면 일하지 않고 먹을 것인가? 어떻게 하면 적게 일하고 많이 먹을 것인가?' 하는 것입니다. 타락으로 말미암아 노동의 신성함을 잃어버린 인간의 전형적인 모습입니다.

마태복음 20장 1-16절에는 일명 '포도원 품꾼의 비유' 말씀이 나옵니다. 구원은 인간의 수고와 노력으로 얻어지는 것이 아니라 오직 은혜임을 우리에게 알려주고 있습니다. 이 말씀 속에서 우리가 노동과 연결하여 찾아볼 수 있

는 아주 중요한 진리가 하나 있습니다.

아침 9시(제삼 시)에 들어온 사람들이 오후 5시(제십일 시)에 들어온 사람들과 똑같이 한 데나리온의 임금을 받는 것을 보고 불평하는 것을 봅니다. 이러한 불평은 우리의 상식으로 보더라도 지나친 것이 아닙니다. 많이 일했으면 많이 받아야 하는 것은 당연한 이치입니다. 일의 양과 상관없이 동일한 금액을 받는다면 누구나 불평할 것입니다.

우리의 눈으로 보면 아침 일찍부터 일한 품꾼의 불평은 당연한 것이고, 늦게 온 사람에게도 동일한 임금을 준 포도원 주인이 비상식적인 것입니다. 그런데 우리가 놓치지 않아야 할 것이 있습니다. 하나님 나라의 원리는 세상의 원리와 다르다는 것입니다. 세상은 많이 일하고 같은 임금을 받은 것이 손해지만, 하나님 나라에서는 같은 임금을 받더라도 많이 일한 것이 복이라는 것입니다.

더 많이 일할 수 있다는 것, 더 많이 쓰임 받을 수 있다는 것이 복입니다. 근본적으로는 저주로 내려진 노동이 쓰임 받음을 통하여 저주가 아닌 신성함을 회복하는 것입니다. 곧 창조의 모습을 회복하는 것입니다.

우리가 하나님의 부름을 받고, 하나님의 백성이 되어 쓰임 받고 있다는 것이 얼마나 복인지 알아야 합니다. 더 많이 일할 수 있다는 것, 복되게 쓰임 받고 있다는 것으로 인하여 기쁨과 감사가 넘쳐나기를 소망합니다.

오늘의 기도

더 많이 일할 수 있는 것에 진정으로 감사하게 하소서.

06 신약

회개해야 삽니다

마태복음 27장 1-10절

1. 새벽에 모든 대제사장과 백성의 장로들이 예수를 죽이려고 함께 의논하고
2. 결박하여 끌고 가서 총독 빌라도에게 넘겨 주니라
3. 그 때에 예수를 판 유다가 그의 정죄됨을 보고 스스로 뉘우쳐 그 은 삼십을 대제사장들과 장로들에게 도로 갖다 주며
4. 이르되 내가 무죄한 피를 팔고 죄를 범하였도다 하니 그들이 이르되 그것이 우리에게 무슨 상관이냐 네가 당하라 하거늘
5. 유다가 은을 성소에 던져 넣고 물러가서 스스로 목매어 죽은지라
6. 대제사장들이 그 은을 거두며 이르되 이것은 핏값이라 성전고에 넣어 둠이 옳지 않다 하고
7. 의논한 후 이것으로 토기장이의 밭을 사서 나그네의 묘지를 삼았으니
8. 그러므로 오늘날까지 그 밭을 피밭이라 일컫느니라

성경에는 가룟인 유다가 예수님을 팔고 나서 자살하는 사건이 나옵니다. 이 사건을 마태복음 29장 9절은 예레미야를 통하여 하신 말씀이 이루어진 것이라고 말합니다. 6-8절까지 인용된 말씀은 스가랴 11장 12-13절의 말씀입니다.

혹자는 마태가 실수로 예레미야로 기록했다고 말하기도 합니다. 그러나 "무죄한 자의 피를 흘리는 것"과 "피밭"(죽음의 골짜기 도벳)에 대한 내용이 예레미야 19장에도 있습니다. 예레미야와 스가랴의 말을 함께 인용하면서 사람들에게 잘 알려진 예레미야 선지자를 언급하는 것으로 이해합니다.

유다가 억울하다고 말하는 이들이 있습니다. 예수님은 이 땅에 죽으러 오셨고, 그 일을 이루기 위해 유다는 자신의 역할을 했다는 것입니다. 유다의 행동은 하나님께서 예정하셨기 때문에 유다를 욕하는 것은 잘못된 것이라는 것

입니다.

그러나 예수님은 유다가 자신을 파는 과정에서 그에게 경고하셨습니다. 경고의 목적은 돌이키려는 것이지 정죄하는 것이 아닙니다. 그는 예수님을 팔고도 회개할 수 있었습니다. 예수님을 부인했던 베드로처럼 말입니다. 그런데 그는 끝까지 회개하지 않습니다.

그가 회개했다면 대제사장을 찾아갈 것이 아니라 예수님께 찾아갔어야 합니다. 그가 회개했다면 자살하지 않았을 것입니다. 왜냐하면 고린도후서 7장 10절에서 이렇게 말하기 때문입니다. "하나님의 뜻에 맞게 마음 아파하는 것은, 회개를 하게 하여 구원에 이르게 하므로, 후회할 것이 없습니다. 그러나 세상 일로 마음 아파하는 것은 죽음에 이르게 합니다."(새번역)

회개의 목적은 살리는 것입니다. 회개하지 않고 자존심을 세우거나, 자기 의의를 나타내려고 하다가 자신을 생명을 죽음으로 내몰기도 합니다. 우리는 철저히 죄인인 것을 인정하고 그 죗값을 치러야 합니다.

세상 사람들은 성도들이 "죄를 짓고 회개하면 된다"는 말을 한다고 조롱하기도 합니다. 그런데 진짜 성도라면 그런 생각을 하는 사람은 아마도 없을 것입니다. 회개해야 삽니다. 회개는 살리는 것입니다. 베드로처럼 통곡하는 삶이 되기를 소망합니다.

오늘의 기도

날마다 회개합니다. 긍휼히 여기소서.

07 신약

좋은 스승, 좋은 제자

마가복음 3장 14-19절

14. 이에 열둘을 세우셨으니 이는 자기와 함께 있게 하시고 또 보내사 전도도 하며
15. 귀신을 내쫓는 권능도 가지게 하려 하심이러라
16. 이 열둘을 세우셨으니 시몬에게는 베드로란 이름을 더하셨고
17. 또 세베대의 아들 야고보와 야고보의 형제 요한이니 이 둘에게는 보아너게 곧 우레의 아들이란 이름을 더하셨으며
18. 또 안드레와 빌립과 바돌로매와 마태와 도마와 알패오의 아들 야고보와 및 다대오와 가나나인 시몬이며
19. 또 가룟 유다니 이는 예수를 판 자더라

신학대학원에 들어갔을 때 하나님께 간절히 기도했던 것이 있습니다. 좋은 선생님을 만나게 해달라는 기도였습니다. 평생을 스승으로 모시고 삶을 나눌 수 있는 선생님이 있다는 것이 얼마나 중요한 것인가를 깨달았기 때문입니다. 기도한 대로 좋은 선생님을 만나서 너무나 감사했습니다.

어느 리더십 세미나에 참석하면서 알게 된 중요한 내용이 있습니다. 한 사람이 리더로 온전히 세워지기 위해서는 자신의 제자를 만드는 것보다 스승을 만드는 것이 더 중요하다는 것입니다. 좋은 리더는 좋은 선생님을 먼저 두고, 그와의 관계에 많은 힘을 쏟아야 한다는 것입니다.

성경에 예수님께서 제자들을 세우시는 장면이 있습니다. “이에 열둘을 세우셨으니 이는 자기와 함께 있게 하시고 또 보내사 전도도 하며 귀신을 내쫓는 권능도 가지게 하려 하심이러라 이 열둘을 세우셨으니 시몬에게는 베드로란 이

름을 더하셨고 또 세베대의 아들 야고보와 야고보의 형제 요한이니 이 둘에게는 보아너게 곧 우레의 아들이란 이름을 더하셨으며 또 안드레와 빌립과 바돌로매와 마태와 도마와 알패오의 아들 야고보와 및 다대오와 가나안인 시몬이며 또 가룟 유다니 이는 예수를 판 자더라" (막 3:14-19)

예수님의 12제자는 자신의 스승이 어떤 분인지를 제대로 알았을까요? 그런데 놀라운 것은 예수님은 그들에게 큰 계획이 있으셨다는 것입니다. 마가복음 말씀에 나오는 "세우셨으니"라는 단어는 헬라어 "포이에오"라는 것으로 '창조하다, 만들다, 약속을 실행하다'라는 말입니다. 12제자를 세우신 사건은 전혀 새로운 존재로 창조하신다는 의미로 사용될 수 있는 것입니다.

좋은 스승을 만난 제자들의 삶이 전혀 새로운 존재로 창조된 것처럼 우리의 삶도 마찬가지가 아닐까 싶습니다. 물론 예수님과 같은 스승을 만날 수는 없겠지만, 여전히 우리에게는 좋은 선생이 필요한 것이 사실입니다. 우리에게 좋은 선생이 필요한 것처럼, 우리도 누군가에게 좋은 선생이 되어야만 합니다.

내가 누군가에게 좋은 선생인지, 좋은 제자인지 돌아보면 좋겠습니다. 그리고 예수님을 닮아가는 아름다운 선생으로 또한 제자로 살아가기를 소망합니다.

제가 좋은 선생, 좋은 제자의 삶을 살게 하소서.

08 신약 내 인생의 잔치는 어떤 잔치인가?

마가복음 6장 14-44절

34. 예수께서 나오사 큰 무리를 보시고 그 목자 없는 양 같음으로 인하여 불쌍히 여기사 이에 여러 가지로 가르치시더라
35. 때가 저물어가매 제자들이 예수께 나아와 여짜오되 이 곳은 빈 들이요 날도 저물어가니
36. 무리를 보내어 두루 촌과 마을로 가서 무엇을 사 먹게 하옵소서
37. 대답하여 이르시되 너희가 먹을 것을 주라 하시니 여짜오되 우리가 가서 이백 데나리온의 떡을 사다 먹이리이까
38. 이르시되 너희에게 떡 몇 개나 있는지 가서 보라 하시니 알아보고 이르되 떡 다섯 개와 물고기 두 마리가 있더이다 하거늘
39. 제자들에게 명하사 그 모든 사람으로 떼를 지어 푸른 잔디 위에 앉게 하시니
40. 떼로 백 명씩 또는 오십 명씩 앉은지라
41. 예수께서 떡 다섯 개와 물고기 두 마리를 가지사 하늘을 우러러 축사하시고 떡을 떼어 제자들에게 주어 사람들에게 나누어 주게 하시고 또 물고기 두 마리도 모든 사람에게 나누시매
42. 다 배불리 먹고
43. 남은 떡 조각과 물고기를 열두 바구니에 차게 거두었으며
44. 떡을 먹은 남자는 오천 명이었더라

천상병이라는 시인이 있습니다. 군사정부 시절 옥고를 치른 후에 평생 기인(奇人)처럼 살았던 분입니다. 비록 그의 삶은 평범하지 않았지만, 그의 시상(詩想)은 문단의 마지막 순수시인으로 불릴 만큼 아름다웠습니다.

천상병 시인의 시 중에서 많은 사람이 기억하는 시는 "귀천(歸天)"일 것입니다. 귀천의 마지막 문단은 이렇게 말합니다. "나 하늘로 돌아가리라 아름다운 이 세상 소풍 끝내는 날 가서, 아름다웠다고 말하리라"

마가복음 6장에는 두 개의 잔치 이야기가 나옵니다. 하나는 헤롯 왕의 잔치입니다. 헤롯 왕은 자신의 생일을 축하하기 위하여 춤을 춘 헤로디아의 딸에게 '원하는 것을 들어주겠다'고 말합니다. 헤로디아는 자신이 원수로 여기는 세례 요한을 죽일 기회로 생각합니다. 결국 세례 요한은 죽게 됩니다.

헤롯 왕의 잔치에 이어서 등장하는 또 하나의 잔치는 예수님의 기적으로 만든 오병이어의 잔치입니다. 예수님은 다섯 개의 떡과 두 마리의 물고기로 남자만 오천 명을 배불리 먹이십니다. 그러고도 열두 바구니를 남깁니다.

두 개의 잔치, 헤롯 왕의 잔치와 예수님의 잔치 사이에는 차이점이 있습니다. 똑같이 잔치를 했지만 헤롯 왕의 잔치는 죽이는 잔치였고, 예수님의 잔치는 살리는 잔치였다는 것입니다.

천상병 시인은 이 땅에서 사는 삶을 소풍으로 표현하고 있습니다. 우리는 소풍과 같은 인생을 살면서 수많은 잔치를 만나게 됩니다. 우리가 만나는 잔치에서 과연 나의 잔치는 어떤 잔치인가를 돌아보게 됩니다. 내 인생의 잔치가 헤롯 왕과 같은 잔치인지, 아니면 예수님과 같은 잔치인지를 말입니다.

인생의 소풍 가운데 만나는 잔치가 누군가를 살리는 잔치이고, 누군가를 회복시키는 잔치이기를 바랍니다. 주님을 향하며 기쁨이 가득한 소풍 길을 우리 모두 함께 걸어가기를 소망합니다.

오늘의 기도

소풍과 같은 인생에서 아름다운 잔치, 기쁨의 잔치를 치르게 하소서.

09 신약

아직도 가야 할 길

마가복음 15장 1–5절

1. 새벽에 대제사장들이 즉시 장로들과 서기관들 곧 온 공회와 더불어 의논하고 예수를 결박하여 끌고 가서 빌라도에게 넘겨 주니
2. 빌라도가 묻되 네가 유대인의 왕이냐 예수께서 대답하여 이르시되 네 말이 옳도다 하시매
3. 대제사장들이 여러 가지로 고발하는지라
4. 빌라도가 또 물어 이르되 아무 대답도 없느냐 그들이 얼마나 많은 것으로 너를 고발하는가 보라 하되
5. 예수께서 다시 아무 말씀으로도 대답하지 아니하시니 빌라도가 놀랍게 여기더라

은퇴하는 목사님들에게 다시 태어나도 목회를 하시겠습니까? 하고 묻는다면 대부분은 다시 태어나도 이 길을 가겠다고 말씀하십니다. 그렇게 말씀하시는 분들 대부분은 누가 보아도 목회를 성실하게 하신 분들입니다.

하나님이 망하라고 하시면 기꺼이 망해야 한다고 외쳤던 박영선 목사님도 성실하게 목회를 하셨기 때문에 그 말이 멋있게 보였을 것입니다. 만일 그렇지 않았다면 그 말이 좋게 들리지는 않았을 것입니다. 물론 멋지게 보이려고 하신 말씀은 아닐 테지만 말입니다.

세상 어떤 목사가 번듯한 교회를 만들고 싶지 않겠습니까. 또 목회 잘 했다는 말을 듣고 싶지 않겠습니까. 목회자들이 어려워도 목회의 끈을 계속해서 잡고 있는 이유는 언젠가 좋은 날이 있을 것이라는 믿음 때문일 것입니다.

만일 나에게 주어진 사역이 애초에 망하려고, 혹은 죽으려고 시작된 사역

이라면 어떤 마음이 들까요? 뻔히 망하는 길, 죽게 되는 길임을 알면서도 그 길을 가는 것은 그 길을 모르고 가는 것보다 더 고통스러울 것입니다.

성경에는 뻔히 망하는 길, 뻔히 죽는 길임을 알면서도 모함하는 이들을 향하여 그 어떤 항변도 없이 묵묵히 그 길을 가시는 예수님의 모습이 나옵니다. 그 모습을 본 빌라도가 오히려 놀랍게 여겼다고(막 15:5) 성경은 말하고 있습니다. 죽을 줄 알면서도 가는 그 길, 그 길은 분명한 목적이 있기 때문입니다. 그것은 죽어야만 살고, 죽어야만 살릴 수 있는 길이기 때문입니다.

가끔은 이런 생각이 떠오를 때가 있습니다. "내가 이 길을 가지 않는다면" 이라는 생각 말입니다. 그리고는 "다시 태어난다고 해도 이 길을"이라는 멋진 말을 아직은 할 자신이 없다는 생각을 합니다.

우리에게 분명한 것은 사람마다 자신이 가야 할 길이 있습니다. 그것이 어떤 일이든, 어떤 직업이든, 어떤 관계든, 어떤 삶의 내용이든 모두에게 주어진다는 것입니다.

내가 가야 할 길이라면 그것이 성공적이든, 성공적이지 못하든 그저 그 길을 충성스럽게 걸어간 것만으로도 충분할 것입니다. 나에게 주어진 길을 그저 정직하고 묵묵하게 살아가는 우리가 되기를 소망합니다.

오늘의 기도

주어진 삶의 여정에 최선을 다하게 하소서.

10

신약

죄인들도 이 정도는 한다

누가복음 6장 27-35절

27. 그러나 너희 듣는 자에게 내가 이르노니 너희 원수를 사랑하며 너희를 미워하는 자를 선대하며
28. 너희를 저주하는 자를 위하여 축복하며 너희를 모욕하는 자를 위하여 기도하라
29. 너의 이 뺨을 치는 자에게 저 뺨도 돌려대며 네 겉옷을 빼앗는 자에게 속옷도 거절하지 말라
30. 네게 구하는 자에게 주며 네 것을 가져가는 자에게 다시 달라 하지 말며
31. 남에게 대접을 받고자 하는 대로 너희도 남을 대접하라
32. 너희가 만일 너희를 사랑하는 자만을 사랑하면 칭찬 받을 것이 무엇이냐 죄인들도 사랑하는 자는 사랑하느니라

손양원 목사님의 다큐멘터리가 TV에 방송되었을 때 참 감사했습니다. 내용에 깊은 은혜도 받았지만, 교회의 이미지에 좋은 영향을 줄 것 같다는 생각이 들었기 때문입니다.

손양원 목사님의 삶이 참으로 놀라운 것은 보통 사람이 할 수 없는 일을 하셨기 때문일 것입니다. 세상 어떤 사람이 아들을 죽인 자를 양자로 삼을 수 있겠습니까? 공산군의 진격 앞에서 피난을 가지 않고 자신이 섬기는 성도, 한센병에 걸린 이들을 위해 자리를 지키다가 순교의 자리에 이를 수 있겠습니까?

누가복음 6장에 예수님은 이런 말씀을 하십니다. "너희가 너희를 사랑하는 사람들만 사랑하면, 그것이 너희에게 무슨 장한 일이 되겠느냐? 죄인들도 자기네를 사랑하는 사람들을 사랑한다. 너희를 좋게 대하여 주는 사람들에게만 너희가 좋게 대하면, 그것이 너희에게 무슨 장한 일이 되겠느냐? 죄인들도 그만한 일은 한다. 도로 받을 생각으로 남에게 꾸어 주면, 그것이 너희에게 무슨 장한 일이 되겠느냐? 죄인들도 고스란히 되받을 요량으로 죄인들에게 꾸어 준다.

그러나 너희는 너희 원수를 사랑하고, 좋게 대하여 주고, 또 아무것도 바라지 말고 꾸어 주어라. 그리하면 너희는 큰 상을 받을 것이요, 더없이 높으신 분의 아들이 될 것이다. 그분은 은혜를 모르는 사람들과 악한 사람들에게도 인자하시다" (눅 6:32-35 표준새번역)

나를 사랑하는 사람을 사랑하고, 나에게 좋게 대하는 자만을 좋아하고, 준 만큼 받기를 원하는 일은 죄인들도 하는 일입니다. 그렇다면 내가 성도로서 그러한 죄인들과 다른 것이 무엇입니까?

성경은 누가복음 6장 27-31절에서 이렇게 말씀합니다. "그러나 너희 듣는 자에게 내가 이르노니 너희 원수를 사랑하며 너희를 미워하는 자를 선대하며 너희를 저주하는 자를 위하여 축복하며 너희를 모욕하는 자를 위하여 기도하라 너의 이 뺨을 치는 자에게 저 뺨도 돌려대며 네 겉옷을 빼앗는 자에게 속옷도 거절하지 말라 네게 구하는 자에게 주며 네 것을 가져가는 자에게 다시 달라 하지 말며 남에게 대접을 받고자 하는 대로 너희도 남을 대접하라"

참 어렵습니다. 어떻게 이런 모습으로 살 수 있겠습니까? 말로는 가능할 수 있을지도 모르겠습니다. 그러나 현실이라면 가능할까 싶습니다.

우리는 거저주신 하나님의 사랑을 늘 기억해야 합니다. 그래서 죄인들도 하는 일에 머물러서는 안 된다는 것입니다. 쉽지 않은 삶을 살지만 오직 말씀으로 이겨내며, 성화의 걸음을 걷는 오늘 이기를 소망합니다.

예수 믿지 않는 사람들 만큼도 사랑하지 못하는 것은 아닌지 돌아보게 하소서.

11 신약

진심으로 행하는 삶

누가복음 12장 1-2절

1. 그 동안에 무리 수만 명이 모여 서로 밟힐 만큼 되었더니 예수께서 먼저 제자들에게 말씀하여 이르시되 바리새인들의 누룩 곧 외식을 주의하라
2. 감추인 것이 드러나지 않을 것이 없고 숨긴 것이 알려지지 않을 것이 없나니

사람들이 기독교인을 지적할 때 말과 행실이 다르다는 말을 합니다. 말은 잘하는데 행함이 없다는 것입니다. 그래서 기독교인은 말쟁이라는 말을 많이 듣습니다. 사실 말과 행실이 완전히 일치하는 사람이 세상에 얼마나 있을까 싶습니다. 우리는 말과 행실이 일치하는 일이 얼마나 어려운 일인지 너무 잘 알고 있습니다. 말과 행실이 일치하지 않기 때문에 말하지 말아야 한다고 생각한다면, 이것 또한 문제입니다. 말할 수 없다면 의사소통에 큰 문제가 생기기 때문입니다.

겉으로 보이는 모습은 진실하고 거룩하지만 속은 전혀 그렇지 않은 경우가 있습니다. 무언가 대단한 사람 같은데 알고 보면 전혀 그렇지 않습니다. 겉과 속이 다른 이중적인 모습입니다. 말과 행실이 같지 않은 것은 연약하고 불완전한 존재이기에 그런 것입니다. 연약한 모습을 바꾸고 채워나가기보다는 가리려고 생각합니다. 철저한 가면을 쓰고 사람을 대하는 것입니다.

예수님은 이스라엘의 종교지도자들인 바리새인들을 지적하고 계십니다. 11장과 12장에서 바리새인들의 문제점을 말씀하시면서 그들의 모습을 이렇게 정리하십니다. "그 동안에 무리 수만 명이 모여 서로 밟힐 만큼 되었더니 예수께

서 먼저 제자들에게 말씀하여 이르시되 바리새인들의 누룩 곧 외식을 주의하라. 감추인 것이 드러나지 않을 것이 없고 숨긴 것이 알려지지 않을 것이 없나니" (눅 12:1-2)

"외식"이라는 말은 "위선"이라는 말입니다. 종교개혁이 일어난 이유가 바로 중세교회의 외식, 즉 위선 때문입니다. 위선은 감출 수 없고, 숨긴다고 숨길 수 있는 것이 아닙니다.

언론에서 기독교에 대한 뉴스가 많이 나옵니다. 좋은 내용도 있지만 대부분 나쁜 소식들이 보도됩니다. 교회의 무리한 건축과 목회자의 부도덕함을 이야기합니다. 금전적인 문제와 성적인 문제까지도 거론하며 교회를 바라보는 시각에 많은 영향을 줍니다. 사람들은 교회가 부패의 온상인 것처럼 생각합니다.

어느덧 한국교회는 바리새인의 모습, 중세교회의 모습을 따라가고 있습니다. 우리의 모습을 진지하게 돌아보아야 할 때입니다. 성도로서 말만 하고 행함은 없는 존재인 것은 아닌지, 마음은 전혀 없으면서 남에게 보이기 위해 그럴듯한 모양만 취하고 있는 것은 아닌지 말입니다.

내 삶이, 우리의 삶이 비판자의 자리에만 있지 않기를 원합니다. 비판하고 행동하지 않는 사람이 되지 않기를 원합니다. 오직 말과 행실이 일치하기를 힘쓰고, 진심으로 행하는 사람이 되기를 소망합니다.

오늘의 기도

내 삶이 하나님 앞에 더욱더 진실하게 하소서.

12 신약

인생의 두려움과 염려가 사라진다

누가복음 12장 20-21절

20. 하나님은 이르시되 어리석은 자여 오늘 밤에 네 영혼을 도로 찾으리니 그러면 네 준비한 것이 누구의 것이 되겠느냐 하셨으니
21. 자기를 위하여 재물을 쌓아 두고 하나님께 대하여 부요하지 못한 자가 이와 같으니라

아기가 태어나서 걸음마를 배울 때 평균 2천 번을 넘어져야 비로소 걷게 된다고 합니다. 아이는 2천 번을 넘어지고 일어서는 일을 감내해야 하고, 부모는 아기가 2천 번 넘어지는 것을 보아야만 합니다. 그 과정이 있어야 비로소 걷게 되는 것입니다.

신앙도 마찬가지인 것 같습니다. 수많은 넘어짐과 일어섬, 그리고 수많은 시행착오를 거쳐야 비로소 조금씩 성도의 모습이 되어 가는 것 같습니다.

우리가 신앙하면서 가장 많이 넘어지고, 가장 많이 겪는 시행착오가 바로 "삶의 염려와 두려움"이 아닌가 싶습니다. 성경에도 두려움과 염려에 대한 말씀이 나옵니다. 내세에 대한 두려움(눅 12:4-5)과 현세에 대한 염려(눅 12:28~30)입니다. 그렇다면 왜 우리의 삶에 염려와 두려움이 그치지 않는 것일까요? 가장 많은 훈련을 받아왔고, 시행착오를 겪어왔던 내용 임에도 불구하고, 왜 우리 삶에는 수많은 염려와 걱정, 두려움이 떠나지 않는 것일까요?

누가복음 12장을 보면 내세의 두려움에 관한 말씀과 현세의 염려에 관한 말씀 사이에 '한 부자 비유'가 나옵니다. 한 부자가 밭에서 많은 소출을 얻고, 얻

은 소출을 위해 곳간을 확장하여 넉넉히 쌓아둔 후에 이제는 편히 쉬고 먹고 마시고 즐기자고 합니다. 하지만 예수님은 그날 밤 그의 영혼(생명)이 죽으면 그 쌓아둔 것이 무슨 의미가 있겠느냐고 말씀하십니다. 이어서 "자기를 위하여 재물을 쌓아두고 하나님께 대하여 부요하지 못한 자가 이와 같으니라"(눅 12:21)라고 말씀하십니다.

우리가 내세에 대한 두려움과 현세에 대한 염려가 떠나지 않는 이유는 바로 우리 안에 하나님에 대한 부요함이 없기 때문입니다. 하나님에 대한 부요함이 없기에 우리는 다른 것을 채워야 하고, 그것을 채우기 위해 몸부림치는 것입니다.

성경은 또 말씀합니다. "그들에게 이르시되 삼가 모든 탐심을 물리치라 사람의 생명이 그 소유의 넉넉한 데 있지 아니하니라"(눅 12:15)

하나님에 대한 부요함이 우리 안에 채워지면 세상에 대한 염려가 밀려나게 됩니다. 그러나 하나님에 대한 부요함이 없다면 그만큼 세상 염려가 우리 안에 채워집니다.

우리에게 주어진 삶, 소유의 넉넉함을 찾기 이전에 하나님에 대한 부요함을 채우기 위해 힘쓰면 좋겠습니다. 염려와 근심, 두려움을 우리 안에 계신 하나님께 맡기고 평안하기를 소망합니다.

오늘의 기도

하나님의 부요함, 말씀의 부요함이 내 안에 흘러넘치게 하소서.

13 신약

너의 자녀를 위해 울라

누가복음 23장 26-28절

26. 그들이 예수를 끌고 갈 때에 시몬이라는 구레네 사람이 시골에서 오는 것을 붙들
어 그에게 십자가를 지워 예수를 따르게 하더라
27. 또 백성과 및 그를 위하여 가슴을 치며 슬피 우는 여자의 큰 무리가 따라오는지라
28. 예수께서 돌이켜 그들을 향하여 이르시되 예루살렘의 딸들아 나를 위하여 울지
말고 너희와 너희 자녀를 위하여 울라

중국의 단동, 연길, 남영 지역을 여행하고 돌아오는 길에 대련의 뤼순감옥에 들렀습니다. 뤼순감옥은 안중근 의사가 갇혀 있다가 순국한 곳입니다. 중국과 한국에 역사적인 의미가 있는 곳이라 그런지 안중근 의사의 영정을 정중히 모셔놓고 있었습니다. 거기서 안중근 의사의 감옥 생활 144일을 볼 수 있었습니다. 특별히 눈길을 끌었던 것은 어머니와 주고받았던 편지 내용이었습니다.

안중근 의사의 어머니 조마리아 여사는 아들에게 이렇게 편지를 보냈습니다. "네가 어미보다 먼저 죽는 것을 불효라고 생각하면 이 어미는 웃음거리가 될 것이다. 너의 죽음은 너 한 사람의 것이 아니라 조선인 전체의 공분을 짊어진 것이다. 네가 항소를 한다면 그건 일제에 목숨을 구걸하는 것이다. 네가 나라를 위해 이에 이른즉 딴 맘 먹지 말고 죽으라. 옳은 일을 하고 받은 형이니 비겁하게 삶을 구하지 말고 대의에 죽는 것이 어미에 대한 효도다. 아마도 이 어미가 쓰는 마지막 편지가 될 것이다. 너의 수의를 지어 보내니 이 옷을 입고 잘 가거라. 어미는 현세에 너와 재회를 기대치 않으니 다음 세상에는 반드시 선량한 천부의 아들이 되어 이 세상에 나오너라"

안중근 의사의 어머니는 정말 아들을 위한 것이 무엇인지 알았던 것 같습

니다. 단편 역사소설 가운데 "이토 히로부미 안중근을 쏘다"라는 제목의 책이 있습니다. 이 책은 안중근 의사 - 그 책에서는 장군이라고 표현해야 하는 것이 맞는다고 한다. 왜냐하면 당시 안중근은 "대한의군 참모중장 특파독립대장"이었기 때문이다. - 의 둘째 아들인 안중생이 살아남기 위해서 친일파가 될 수밖에 없었던 내용을 담고 있습니다. 안중생은 그 책에서 영웅의 아들로 시대를 살며 일제의 핍박과 더불어 영웅의 아들을 홀대하고 이용하는 조선인들로 인해 수많은 고초를 당합니다. 그는 이렇게 말합니다. "왜 얼굴도 기억 안 나는 아버지 때문에 내 인생이 이렇게 통째로 망가져야 합니까?…우습지 않나요? 영웅의 아들은 개 같은 삶을 살고, 그 변절자의 자식은 다시 성공하고…아버지는 나라의 영웅이었지만 가족에겐 재앙이었죠. 나는 나라의 재앙이었지만 내 가족에겐 영웅입니다."

이 역사의 아이러니를 보면서 문득 말씀의 한 구절이 떠오릅니다. "예수께서 돌이켜 그들을 향하여 이르시되 예루살렘의 딸들아 나를 위하여 울지 말고 너희와 너희 자녀를 위하여 울라" (눅 23:28)

안중생의 삶을 단순히 "변절자"라고 말할 수 없을 것 같습니다. 그의 인생이 참 안타깝습니다. 그래서 자녀를 위하여 기도합니다. 내 자녀가 나보다 더 존귀한 삶, 더 가치 있는 삶을 살 수 있도록 말입니다. 마음을 다하여 자녀를 위하여 기도하기를 소망합니다.

오늘의 기도

자녀를 위해 무릎 꿇는 부모가 되게 하소서.

14 신약

아름다운 소리가 되길

요한복음 1장 17-23절

17. 율법은 모세로 말미암아 주어진 것이요 은혜와 진리는 예수 그리스도로 말미암아 온 것이라
18. 본래 하나님을 본 사람이 없으되 아버지 품 속에 있는 독생하신 하나님이 나타내셨느니라
19. 유대인들이 예루살렘에서 제사장들과 레위인들을 요한에게 보내어 네가 누구냐 물을 때에 요한의 증언이 이러하니라
20. 요한이 드러내어 말하고 숨기지 아니하니 드러내어 하는 말이 나는 그리스도가 아니라 한대
21. 또 묻되 그러면 누구냐 네가 엘리야냐 이르되 나는 아니라 또 묻되 네가 그 선지자냐 대답하되 아니라
22. 또 말하되 누구냐 우리를 보낸 이들에게 대답하게 하라 너는 네게 대하여 무엇이라 하느냐
23. 이르되 나는 선지자 이사야의 말과 같이 주의 길을 곧게 하라고 광야에서 외치는 자의 소리로라 하니라

민족 지도자 남강 이승훈 선생은 1911년 일제가 '총독 암살 날조극'을 꾸미고 독립 인사들을 대거 체포했던 '105인사건'으로 일본 경찰에 체포되어 5년간 수감 생활을 했습니다. 그의 몸은 가뒀어도 '민족정신'까지는 수감 시킬 수 없었습니다. 남강 선생은 감옥에서 더욱 투철한 신앙인, 독립투사가 되었던 것입니다.

그는 감옥에서도 세 번이나 성경을 통독하고 기도했습니다. 더불어 수감된 이들에게 깊은 사랑의 실천을 힘써서 행했다고 합니다. 후에 사람들은 남강 선생의 비석에 이런 글귀를 새겼습니다. "일생 남을 위해 살았고, 자신을 위해서는 아무것도 한 것이 없는 사람"

남을 위해 산다는 것을 사람들은 대단하게 여깁니다. 그러나 한편으로는

자신의 행복을 추구하지 않고 왜 그렇게 다른 사람들만을 위해 살다 가느냐고 생각하기도 합니다.

인간만큼 자신의 유익을 위해 실리적으로 인생을 사는 존재가 또 어디 있겠습니까? 인간은 그냥 두어도 오로지 자신을 위해 사는 존재가 아닌가 싶습니다.

요한복음 1장에는 오로지 남을 위해 살다가 간 한 인물이 등장합니다. 바로 세례 요한입니다. 그는 자신의 인생을 이렇게 표현합니다. "이르되 나는 선지자 이사야의 말과 같이 주의 길을 곧게 하라고 광야에서 외치는 자의 소리로라 하니라"(요 1:23)

자신이 존재하는 이유와 목적을 아는 것만큼 행복한 삶이 어디 있겠습니까. 세례 요한의 삶은 소명(부르심) 앞에 온전히 섰고, 주께서 부르신 이유, 즉 사명을 이루며 산 인생입니다. 성도가 되었다는 것은 우리 역시 소명을 받은 것입니다. 사명을 부여받은 존재라는 것입니다.

어떤 사명을 부여받았는가를 생각해보면 좋겠습니다. 그 사명에 따라 살아가는 존재인가를 돌아보는 삶이 되었으면 좋겠습니다. 주님 나라의 아름다운 소리(Voice)로 우리가 있는 모든 곳에서 아름답게 쓰이기를 소망합니다.

오늘의 기도

사명으로 이 땅을 사는 자들임을 기억하게 하소서.

15 신약 아버지의 마음 알기

요한복음 3장 14-21절

14. 모세가 광야에서 뱀을 든 것 같이 인자도 들려야 하리니
15. 이는 그를 믿는 자마다 영생을 얻게 하려 하심이니라
16. 하나님이 세상을 이처럼 사랑하사 독생자를 주셨으니 이는 그를 믿는 자마다 멸망하지 않고 영생을 얻게 하려 하심이라
17. 하나님이 그 아들을 세상에 보내신 것은 세상을 심판하려 하심이 아니요 그로 말미암아 세상이 구원을 받게 하려 하심이라
18. 그를 믿는 자는 심판을 받지 아니하는 것이요 믿지 아니하는 자는 하나님의 독생자의 이름을 믿지 아니하므로 벌써 심판을 받은 것이니라
19. 그 정죄는 이것이니 곧 빛이 세상에 왔으되 사람들이 자기 행위가 악하므로 빛보다 어둠을 더 사랑한 것이니라
20. 악을 행하는 자마다 빛을 미워하여 빛으로 오지 아니하나니 이는 그 행위가 드러날까 함이요
21. 진리를 따르는 자는 빛으로 오나니 이는 그 행위가 하나님 안에서 행한 것임을 나타내려 함이라 하시니라

하나님께서 독생자 예수 그리스도를 이 땅에 보내신 이유를 성경은 이렇게 말씀합니다. "이는 그를 믿는 자마다 멸망하지 않고 영생을 얻게 하려 하심이라. 하나님이 그 아들을 세상에 보내신 것은 세상을 심판하려 하심이 아니요 그로 말미암아 세상이 구원을 받게 하려 하심이라"(요 3:16-17)

예수님께서 이 땅에 오신 것은 세상의 구원을 위해서입니다. 세상의 구원은 바로 나의 구원과도 연결되는 것입니다. 하나님은 나를 구원하시기 위하여 독생자를 세상에 보내셨고, 십자가의 죽음 앞에 내어놓으셨습니다.

우리 교회는 아이들이 참 많은 교회입니다. 결혼 한 부부에게 아이가 생기

고, 새 생명이 탄생하는 일련의 시간이 얼마나 감사한지 모르겠습니다. 그 아이들을 볼 때마다 얼마나 예쁘고, 얼마나 존귀한지 모르겠습니다.

제 눈에도 이렇게 귀엽고 예쁜데 부모님들의 마음은 어떻겠습니까? 부모라면 자녀를 위해 무엇이든 할 수 있고, 가장 좋은 것을 주고 싶을 것입니다. 아름답고 가치 있는 것을 보여주고, 많은 이들에게 사랑받는 존재로 키우고 싶을 것입니다. 하나님은 그런 독생자를 이 땅에 보내셨습니다. 우리를 위해서 말입니다.

오래전에 아들이 학교에서 친구에게 몇 대 맞고 온 적이 있습니다. 그다지 큰일도 아니었는데 맞았다는 사실 자체만으로도 얼마나 마음이 아팠는지 모르겠습니다. 하나님은 독생자를 십자가에 달리게 하셨습니다.

십자가에는 하나님의 사랑 두 가지가 나타납니다. 하나는 하나님의 헤세드, 긍휼입니다. 인간을 사랑하시는 하나님은 아들을 십자가에 내어놓으셨습니다. 또 하나는 미쉬파트, 하나님의 공의입니다. 아들마저 십자가에 내어놓으실 만큼 죄를 미워하신 것입니다.

아빠의 마음, 엄마의 마음으로 하나님이 행하신 일을 생각해보면 그저 은혜라는 말밖에는 할 수 없습니다. 하나님 아버지의 마음을 아는, 하나님 아버지의 마음을 생각하는 우리의 삶이 되기를 소망합니다.

오늘의 기도

아버지의 사랑으로 마음이 풍성하게 하시고, 어떤 상황과 환경에도 아버지의 마음을 기억하게 하옵소서.

16
신약

나를 옭아매고 있는 죄

요한복음 5장 8-15절

8. 예수께서 이르시되 일어나 네 자리를 들고 걸어가라 하시니
9. 그 사람이 곧 나아서 자리를 들고 걸어가니라 이 날은 안식일이니
10. 유대인들이 병 나은 사람에게 이르되 안식일인데 네가 자리를 들고 가는 것이 옳지 아니하니라
11. 대답하되 나를 낫게 한 그가 자리를 들고 걸어가라 하더라 하니
12. 그들이 묻되 너에게 자리를 들고 걸어가라 한 사람이 누구냐 하되
13. 고침을 받은 사람은 그가 누구인지 알지 못하니 이는 거기 사람이 많으므로 예수께서 이미 피하셨음이라
14. 그 후에 예수께서 성전에서 그 사람을 만나 이르시되 보라 네가 나았으니 더 심한 것이 생기지 않게 다시는 죄를 범하지 말라 하시니
15. 그 사람이 유대인들에게 가서 자기를 고친 이는 예수라 하니라

예수님께서 38년 된 병자를 찾아가서 낫고자 하느냐고 물으실 때 병자는 예수님이 누구신지 몰랐습니다. 그저 자신을 먼저 못에 내려가게 해달라고 요청할 뿐이었습니다. 이에 예수님은 38년 된 병자에게 네 자리를 들고 걸어가라고 명했습니다. 이에 병자는 자리에서 일어났고 병이 나았습니다.

안식일에 이 병자를 고쳤다는 이유로 유대인들의 질타를 받게 되자 예수님은 몸을 피하십니다. 후에 성전에서 고침을 받은 38년 된 병자를 다시 만나셨을 때 예수님은 그에게 이렇게 말씀하십니다. "네가 나았으니 더 심한 것이 생기지 않게 다시는 죄를 범하지 말라"(요 5:14)

사람이 병에 걸린 것이 모두 자신의 죄 때문인 것은 아닙니다. 하지만 예수님의 말씀에 비추어 보면 38년이나 병을 앓았던 이유는 "죄" 때문인 것을 알게

됩니다. 그는 죄 때문에 38년을 병자로 살아야 했습니다.

38년이나 그를 묶고 있었던 죄가 무엇인지 생각해 봅니다. 성경은 그 죄가 어떤 것인지는 말하고 있지 않습니다. 분명한 것은 죄는 이렇게 한 사람의 인생을 병의 고통 속에 옭아맬 수 있다는 것입니다.

내 삶에서 나를 옭아매고 있는 죄는 없는지 돌아보게 됩니다. 또한 여전히 떨쳐버리지 못하는 죄가 무엇인지를 생각해 봅니다.

내 안에 아직 해결되지 못한 여러 가지 죄의 모습이 있습니다. 지속적으로 따라오는 연약함은 매사를 긍정적으로 보지 못하게 합니다. 이러한 것으로 마음을 힘들게 하기도 합니다.

어떤 문제가 있을 때 그로 인하여 더 큰 문제가 생기지는 않을까, 일이 잘못되어 더 큰 어려움이 오면 어떻게 할까?하는 생각을 합니다. 부정적인 생각은 점점 커지면서 걱정하고 염려하며 밤잠을 이루지 못하게 합니다. 그러나 묵상을 하면서 돌아보니 정말 그렇게 되었던 적은 많지 않았다는 것을 깨닫게 됩니다.

나를 옭아매고 있는 38년 된 병자와 같은 모습, 부정적이고 비판적인 죄의 성향을 툭툭 털어버리고 말씀 안에서 자유함을 누리는 삶이 되기를 소망합니다.

오늘의 기도

내 삶을 잡고 있는 죄를 깨닫고, 그것을 이길 힘을 주시옵소서.

17 신약

죽음의 두려움 넘어서기

요한복음 5장 22–29절

22. 아버지께서 아무도 심판하지 아니하시고 심판을 다 아들에게 맡기셨으니
23. 이는 모든 사람으로 아버지를 공경하는 것 같이 아들을 공경하게 하려 하심이라 아들을 공경하지 아니하는 자는 그를 보내신 아버지도 공경하지 아니하느니라
24. 내가 진실로 진실로 너희에게 이르노니 내 말을 듣고 또 나 보내신 이를 믿는 자는 영생을 얻었고 심판에 이르지 아니하나니 사망에서 생명으로 옮겼느니라
25. 진실로 진실로 너희에게 이르노니 죽은 자들이 하나님의 아들의 음성을 들을 때가 오나니 곧 이 때라 듣는 자는 살아나리라
26. 아버지께서 자기 속에 생명이 있음 같이 아들에게도 생명을 주어 그 속에 있게 하셨고
27. 또 인자됨으로 말미암아 심판하는 권한을 주셨느니라
28. 이를 놀랍게 여기지 말라 무덤 속에 있는 자가 다 그의 음성을 들을 때가 오나니
29. 선한 일을 행한 자는 생명의 부활로, 악한 일을 행한 자는 심판의 부활로 나오리라

사람들이 죽음을 무서워하는 이유는 죽음에 이르는 고통과 죽음 이후의 세상을 모르기 때문입니다. 죽으면 끝이라고 말하면서 죽음의 두려움을 떨쳐버리려고 하지만 여전히 죽음의 고통과 두려움에 매여 있는 것이 사람들의 실존입니다.

종교의 영역에서는 언제나 다음 세상, 즉 내세에 관하여 말씀하고 있습니다. 내세관은 모든 고등종교가 가지고 있는 진리입니다. 기독교 신앙은 단순히 내세만을 말하는 것이 아니고, 죽음 이후에 부활이 있다고 말합니다.

예수님은 영생과 심판을 말씀하시면서 마지막 때에 두 가지의 부활이 있다고 하십니다. 두 가지 부활은 생명의 부활과 심판의 부활인데, 믿는 자는 영생을

얻고 생명의 부활로 나오게 되고, 믿지 않는 자는 심판의 부활로 나온다고 말씀하십니다.

기독교 신앙이 성도의 죽음에 "천국 환송"이라는 말을 사용하는 것이 바로 이것 때문입니다. 우리는 반드시 하나님 나라와 생명의 부활로 나아오게 될 것입니다.

장인어른의 몸 상태가 좋지 않다는 말을 듣고 병원으로 갔습니다. 의식이 없는 상태였음에도 불구하고 전하는 복음을 듣고 계속해서 눈물을 흘리셨습니다. 그 마지막 눈물이 회개의 눈물이요, 은혜를 구하는 눈물임을 믿습니다.

성도가 경험해야 할 죽음에 이르는 고통은 엄마가 아이를 낳는 고통보다는 크지 않을 것이라는 생각을 해봅니다. 엄마가 죽음의 고비를 넘겨 생명을 출산하듯 새 생명으로 나아가는 과정이기에 그렇습니다.

인생이 오는 것은 순서가 있지만 가는 것은 순서가 없다고 말합니다. 언제 나에게 죽음이 닥쳐올지 모르기에 날마다 믿는 자에게 있는 영생과 생명의 부활을 기억해야겠습니다. 죽음의 두려움을 극복하고 승리하는 삶을 사는 성도가 되기를 소망합니다.

오늘의 기도

언제 찾아올지 모르는 죽음, 말씀을 더욱 든든히 붙잡고 평안히 살아가게 하소서.

18 신약

하나님이 원하시는 일

요한복음 6장 16–27절

16. 저물매 제자들이 바다에 내려가서
17. 배를 타고 바다를 건너 가버나움으로 가는데 이미 어두웠고 예수는 아직 그들에게 오시지 아니하셨더니
18. 큰 바람이 불어 파도가 일어나더라
19. 제자들이 노를 저어 십여 리쯤 가다가 예수께서 바다 위로 걸어 배에 가까이 오심을 보고 두려워하거늘
20. 이르시되 내니 두려워하지 말라 하신대
21. 이에 기뻐서 배로 영접하니 배는 곧 그들이 가려던 땅에 이르렀더라
22. 이튿날 바다 건너편에 서 있던 무리가 배 한 척 외에 다른 배가 거기 없는 것과 또 어제 예수께서 제자들과 함께 그 배에 오르지 아니하시고 제자들만 가는 것을 보았더니
23. (그러나 디베랴에서 배들이 주께서 축사하신 후 여럿이 떡 먹던 그 곳에 가까이 왔더라)
24. 무리가 거기에 예수도 안 계시고 제자들도 없음을 보고 곧 배들을 타고 예수를 찾으러 가버나움으로 가서
25. 바다 건너편에서 만나 랍비여 언제 여기 오셨나이까 하니
26. 예수께서 대답하여 이르시되 내가 진실로 진실로 너희에게 이르노니 너희가 나를 찾는 것은 표적을 본 까닭이 아니요 떡을 먹고 배부른 까닭이로다
27. 썩을 양식을 위하여 일하지 말고 영생하도록 있는 양식을 위하여 하라 이 양식은 인자가 너희에게 주리니 인자는 아버지 하나님께서 인치신 자니라

사람들은 기적을 보기 위해 예수님을 찾아 나섭니다. 예수님은 그들이 떡 먹고 배부른 것을 추구하는 신앙의 문제점을 지적하십니다. 예수님께서 사람들에게 썩을 양식을 위하여 일하지 말고, 영생하도록 하는 양식을 위하여 일하라고 말씀하십니다. 사람들은 "우리가 어떻게 하여야 하나님의 일을 할 수 있다

는 말입니까?"라고 묻습니다. 예수님은 하나님의 일은 하나님께서 보내신 이를 믿는 것이라고 말씀하십니다.

교회를 개척하고 솔직히 큰 교회에 대한 꿈이 있었습니다. 사람들에게 당당하게 내놓을만한 교회를 만들겠다는 소망이 불타올랐습니다. 그러한 생각으로 앞뒤를 돌아보지 않고 달렸습니다. 그러던 중 교인들이 교회를 떠났고 제 몸에는 갑상선 항진증이 왔습니다. 제동이 걸리기 시작했습니다. 제동이 걸리자 지나온 시간을 돌아보게 되었습니다. 그리고 내가 왜 목회를 하고 있는가 하는 근본적인 이유를 묻고 생각하게 되었습니다.

목회 초기에 가졌던 마음이 영생하도록 하는 양식이 아니라 썩어질 양식을 위하여 일한 것임을 깨달았습니다(27절).

예수님이 나에게 원하시는 하나님의 일은 큰 교회를 만드는 것, 사람들에게 자랑할 만한 교회를 만드는 것이 아니라 예수님을 온전히 믿는 것임을 다시금 깨닫게 됩니다(29절).

다시 하나님의 일을 생각합니다. 최선을 다하여 예수님을 믿는 것 그것이 하나님의 일임을 마음에 새깁니다. 우리의 삶이 어떤 큰일 보다 하나님의 일인 예수님을 온전히 믿는 일에 최선을 다하기를 소망합니다.

오늘의 기도

하나님께서 원하시는 일은 하나님께서 보내신 이를 믿는 것임을 깨닫고, 더욱더 예수님을 믿고 의지하게 하옵소서.

19

신약

나는 누군가를 정죄하지 않는가?

요한복음 8장 3-11절

3. 서기관들과 바리새인들이 음행중에 잡힌 여자를 끌고 와서 가운데 세우고
4. 예수께 말하되 선생이여 이 여자가 간음하다가 현장에서 잡혔나이다
5. 모세는 율법에 이러한 여자를 돌로 치라 명하였거니와 선생은 어떻게 말하겠나이까
6. 그들이 이렇게 말함은 고발할 조건을 얻고자 하여 예수를 시험함이러라 예수께서 몸을 굽히사 손가락으로 땅에 쓰시니
7. 그들이 묻기를 마지 아니하는지라 이에 일어나 이르시되 너희 중에 죄 없는 자가 먼저 돌로 치라 하시고
8. 다시 몸을 굽혀 손가락으로 땅에 쓰시니
9. 그들이 이 말씀을 듣고 양심에 가책을 느껴 어른으로 시작하여 젊은이까지 하나씩 하나씩 나가고 오직 예수와 그 가운데 섰는 여자만 남았더라
10. 예수께서 일어나사 여자 외에 아무도 없는 것을 보시고 이르시되 여자여 너를 고발하던 그들이 어디 있느냐 너를 정죄한 자가 없느냐
11. 대답하되 주여 없나이다 예수께서 이르시되 나도 너를 정죄하지 아니하노니 가서 다시는 죄를 범하지 말라 하시니라

종교지도자들이 예수님께 질문 합니다. 그 질문은 어떤 대답을 하든지 곤경에 빠질 수 있는 계획된 것이었습니다. 간음한 여성은 율법에 의하여 돌로 치는 벌을 받습니다. 여자만 아니라 남자까지 양 당사자가 모두 받는 벌이었습니다. 음행 중에 잡혀 온 여자가 약혼했다는 말이 없습니다. 또한 혼자만 끌려왔기에 율법의 적용이 제대로 된 것이 아니었습니다. 당시 이스라엘은 로마의 속국으로 있었는데, 로마는 유대인에게 사형을 집행할 수 있는 권한을 주지 않았습니다. 그래서 예수님이 여인을 돌로 치라고 하면 로마의 법을 어기는 상황이 되는 것입니다. 예수님의 대답이 무엇이든지 예수님은 함정에 빠지는 것입니다. 율

법을 어기든지 로마의 법을 어기게 됩니다.

유대의 종교지도자들은 이러한 질문을 예수님께 던져놓고 속으로 쾌재를 불렀을 것입니다. 그들의 모습을 보면서 내 안에도 이런 모습은 없었는가 생각해 보았습니다. 사람을 곤경에 빠지도록 일을 꾸미거나 도모했던 일은 생각이 나지 않습니다. 하지만 나를 어렵게 만들었던 사람이 어려움 당하는 모습을 보면서 속으로 쌤통이라고 생각했던 적은 여러 번 있었습니다.

예수님은 자신에게 질문하는 사람들에게 집중하지 않고 계신 것을 봅니다. 예수님은 오로지 간음으로 끌려와 모욕을 받는 그 여인에게 집중하십니다. 예수님은 사람들이 말하는 신의 한 수 같은 말씀 "너희 중에 죄 없는 자가 먼저 돌로 치라"고 말씀하십니다. 그후 사람들을 물리치시고 여인에게 이렇게 말씀하십니다. "나도 너를 정죄하지 아니하노니 가서 다시는 죄를 범하지 말라"(요 8:11)

내게 해를 끼친 사람은 당연하고, 때에 따라서는 해를 끼치지도 않은 사람까지도 정죄하려는 마음이 있었습니다. 우리의 삶이 누군가를 정죄하지 않고, 나에게 해를 끼친 사람까지도 사랑하면 좋겠습니다. 아무도 정죄하지 않을 수 있는 수준까지 이르기를 소망합니다.

오늘의 기도

나의 사역과 삶이 정죄하기보다는 이해하고 용서하는 삶이 되게 하소서.

20 신약

양의 사명은 듣는 것이다

요한복음 10장 9–15절

9. 내가 문이니 누구든지 나로 말미암아 들어가면 구원을 받고 또는 들어가며 나오며 꼴을 얻으리라
10. 도둑이 오는 것은 도둑질하고 죽이고 멸망시키려는 것뿐이요 내가 온 것은 양으로 생명을 얻게 하고 더 풍성히 얻게 하려는 것이라
11. 나는 선한 목자라 선한 목자는 양들을 위하여 목숨을 버리거니와
12. 삯꾼은 목자가 아니요 양도 제 양이 아니라 이리가 오는 것을 보면 양을 버리고 달아나나니 이리가 양을 물어 가고 또 헤치느니라
13. 달아나는 것은 그가 삯꾼인 까닭에 양을 돌보지 아니함이나
14. 나는 선한 목자라 나는 내 양을 알고 양도 나를 아는 것이
15. 아버지께서 나를 아시고 내가 아버지를 아는 것 같으니 나는 양을 위하여 목숨을 버리노라

예수님께서 양과 목자의 비유로 하나님과 그 택한 백성의 관계를 설명하십니다. 양은 택함을 받은 백성으로 택하신 이, 곧 하나님의 음성을 듣고 따른다고 하셨습니다. 선한 목자는 삯꾼 목자와 다르게 양을 위하여 목숨을 버린다고 말씀하시면서 예수 그리스도께서 이 땅에 오신 이유를 설명해 주십니다.

사람들은 예수님이 말씀하신 양과 목자 비유를 전혀 알아듣지 못합니다. 그들은 왜 예수님의 비유를 알아듣지 못하는 것일까요? 이유는 간단합니다. 그들은 하나님의 양이 아니기 때문입니다. 양은 목자의 음성, 목자의 말씀을 알아듣습니다. 하지만 양이 아닌 사람들은 절대로 목자의 음성, 목자의 말씀을 알아들을 수가 없습니다.

우리가 예수님의 양인지, 예수님이 나의 목자이신지를 알 수 있는 간단한 방법이 있습니다. 내가 목자이신 예수님의 말씀을 듣고 있는가? 목자이신 예수

님의 말씀을 따라 살고 있는가를 살펴보면 됩니다.

교회에 성도가 늘어나면서 근심이 조금씩 많아지는 것을 느낍니다. 더 많은 성도를 보내달라는 기도가 더 많은 근심을 갖게 되는 것이라는 것을 깨달았습니다. 그렇지만 참으로 감사한 일이며, 감사한 근심이라는 것은 분명합니다.

목회를 하다보면 어려운 가정을 많이 만납니다. 건강의 문제, 부부의 문제, 자녀의 문제, 경제적인 어려움 등 다양한 어려움을 겪고 있는 분들이 얼마나 많은지 모르겠습니다. 그분들의 아픔을 듣기는 하지만 별다르게 도울 수 있는 것이 없기에, 그저 함께하며 들어주고, 기도할 수밖에 없습니다. 현실적인 도움을 줄 수 없다는 것이 얼마나 속상한지 모르겠습니다. 어떠한 환경이 되든지 더 낮아지고, 더 엎드리고, 더 많이 기도하라고 말하는 것이 때로는 미안하게 생각됩니다.

우리는 양입니다. 양은 목자의 음성, 목자의 말씀을 듣는 이들입니다. 진리의 문제를 다투는 싸움이 아니라면 우리는 "네 이웃을 네 몸과 같이 사랑하라"라는 말씀에 순종하여 더 많이 사랑하고, 더 많이 섬겨야 합니다. 더 많이 사랑하면 지게 되어 있고, 더 많이 섬기려면 더 낮아져야 합니다.

양의 문이 되신 예수님께서 우리에게 구원의 은총과 하나님 나라의 아름다운 꼴을 허락해 주신다고 약속하셨습니다. 선한 목자 되신 예수님께서 우리를 지키고 보호하시기 위해 자신의 목숨을 버리신다고 말씀하셨습니다.

양의 사명은 말씀을 듣고 말씀에 따라 사는 것임을 잊지 말고 기억하기를 소망합니다.

오늘의 기도

우리의 삶이 주님의 음성을 온전히 듣고 행하는 삶이 되게 하소서.

21 신약

붙어있는 것이 능력임을

요한복음 15장 1–8절

1. 나는 참포도나무요 내 아버지는 농부라
2. 무릇 내게 붙어 있어 열매를 맺지 아니하는 가지는 아버지께서 그것을 제거해 버리시고 무릇 열매를 맺는 가지는 더 열매를 맺게 하려 하여 그것을 깨끗하게 하시느니라
3. 너희는 내가 일러준 말로 이미 깨끗하여졌으니
4. 내 안에 거하라 나도 너희 안에 거하리라 가지가 포도나무에 붙어 있지 아니하면 스스로 열매를 맺을 수 없음 같이 너희도 내 안에 있지 아니하면 그러하리라
5. 나는 포도나무요 너희는 가지라 그가 내 안에, 내가 그 안에 거하면 사람이 열매를 많이 맺나니 나를 떠나서는 너희가 아무 것도 할 수 없음이라
6. 사람이 내 안에 거하지 아니하면 가지처럼 밖에 버려져 마르나니 사람들이 그것을 모아다가 불에 던져 사르느니라
7. 너희가 내 안에 거하고 내 말이 너희 안에 거하면 무엇이든지 원하는 대로 구하라 그리하면 이루리라
8. 너희가 열매를 많이 맺으면 내 아버지께서 영광을 받으실 것이요 너희는 내 제자가 되리라

선교지에 가면 최선을 다하려고 애쓰는 것이 있습니다. 선교지에 계신 선교사님의 말씀을 잘 들으려는 것입니다.

이스라엘 순례를 갔을 때도 인도하시는 집사님의 말씀을 잘 따르려고 애썼습니다. 사실 약한 체력을 가진 사람에게는 버거운 일정이었지만 최선을 다해서 안내하시는 집사님의 곁에 서서 이야기를 듣고 기록하였습니다.

그래야 기억 속에 하나라도 더 남을 것이고, 동시에 나의 안전을 지키는 일이라고 생각했기 때문입니다. 선교지에서는 선교사님과 붙어있고, 여행지에서는 가이드와 붙어있는 것이 가장 많이 배우는 방법이고, 가장 안전한 길입니다.

예수님께서 제자들에게 말씀하십니다. 나는 참포도나무요, 아버지는 농부

시며, 너희는 가지라고 말입니다. 가지가 포도나무에 붙어있어야만 많은 열매를 맺습니다. 포도나무를 떠나서는 그 어떤 가지도 열매를 맺을 수 없다고 말씀하십니다.

우리의 삶에 아름다운 열매가 맺히지 않는다면 그 이유는 바로 이것 때문입니다. 어떠한 일이 있어도 가지가 나무에 붙어있어야 열매를 맺는 것인데, 그리스도 밖으로 나가는 경우가 얼마나 많은지 모르겠습니다.

하나님께서 목회 사역에 선한 열매를 맺게 하셨던 시점을 곰곰이 생각해 보면 주님 안에 거하기 위해 최선을 다하고 매어 달렸던 때입니다. 주님께 매어 달리지 못하고 때때로 나무와 멀어졌을 때는 어떠한 열매도 없었던 것을 봅니다.

나무에서 벗어나 있을 때 하나님께서는 경고하십니다. 그렇게 떠나있으면 위험하다고 말입니다. 열매를 맺지 못하는 것을 넘어서 영영 돌아올 수 없는 길이 있다는 것을 깨닫게 하시는 것입니다. 경고를 듣는 순간 그리스도를 떠나있는 것은 아닌지 돌아보게 됩니다.

성도의 삶에 능력은 내가 어떤 일을 행하고 있는가로 결정되는 것이 아닙니다. 주님께 얼마나 강하고 분명하게 붙어있는가 하는 것입니다. 주님께 최선을 다하여 붙어있다면 주님께서 가장 좋은 시기에 열매를 맺게 하실 것입니다. 우리의 사명이 열매 맺는 것 이전에 주님께 온전히 붙어있는 것이라는 사실을 반드시 기억해야 합니다. 그리고 삶에 적용하기를 소망합니다.

오늘의 기도

주님께 매달려있는 것이 능력이고, 은혜임을 깨닫습니다. 최선을 다해 주님을 붙잡게 하소서.

22 신약 나도 가능하다

요한복음 20장 23-29절

23 너희가 누구의 죄든지 사하면 사하여질 것이요 누구의 죄든지 그대로 두면 그대로 있으리라 하시니라
24. 열두 제자 중의 하나로서 디두모라 불리는 도마는 예수께서 오셨을 때에 함께 있지 아니한지라
25. 다른 제자들이 그에게 이르되 우리가 주를 보았노라 하니 도마가 이르되 내가 그의 손의 못 자국을 보며 내 손가락을 그 못 자국에 넣으며 내 손을 그 옆구리에 넣어 보지 않고는 믿지 아니하겠노라 하니라
26. 여드레를 지나서 제자들이 다시 집 안에 있을 때에 도마도 함께 있고 문들이 닫혔는데 예수께서 오사 가운데 서서 이르시되 너희에게 평강이 있을지어다 하시고
27. 도마에게 이르시되 네 손가락을 이리 내밀어 내 손을 보고 네 손을 내밀어 내 옆구리에 넣어 보라 그리하여 믿음 없는 자가 되지 말고 믿는 자가 되라
28. 도마가 대답하여 이르되 나의 주님이시요 나의 하나님이시니이다
29. 예수께서 이르시되 너는 나를 본 고로 믿느냐 보지 못하고 믿는 자들은 복되도다 하시니라

수많은 명화 가운데 똑같은 이름으로 그려진 그림이 있습니다. 바로 "의심하는 성 도마"라는 제목으로 그려진 그림입니다. 루벤스, 마졸리노 그리고 카라바조가 그린 이 그림들은 예수님의 부활을 의심하는 도마의 모습을 재미있고 의미심장하게 표현하고 있습니다.

예수님께서 부활을 믿지 못하는 제자들에게 찾아오시는 장면이 있습니다. 그 자리에 없었던 도마는 다른 제자들에게 예수님을 보았다는 말을 전해 듣고 이렇게 말합니다. "도마가 이르되 내가 그의 손의 못 자국을 보며 내 손가락을 그 못 자국에 넣으며 내 손을 그 옆구리에 넣어 보지 않고는 믿지 아니하겠노라 하니라" (요 20:25)

이후에 예수님은 도마에게 나타나셨고 이렇게 말씀하십니다. "도마에게 이르시되 네 손가락을 이리 내밀어 내 손을 보고 네 손을 내밀어 내 옆구리에 넣어 보라 그리하여 믿음 없는 자가 되지 말고 믿는 자가 되라"(요 20:27)

도마는 어떤 삶을 살았을까요? 그는 바벨론과 페르시아를 거쳐 인도 남부까지 선교하다가 순교하였다고 합니다. 더불어 도마가 옛 가야국까지 왔었다는 내용도 있습니다. 이 내용이 정설인지 가설인지는 명확하지 않습니다.

도마의 모습에서, 믿음 없었던 도마가 얼마나 믿음 있는 자가 되었는가를 봅니다. 그의 모습을 보면서 우리도 도마처럼 믿음 있는 사람으로 바뀔 수 있다는 것을 기대하게 됩니다.

우리가 스스로 믿음을 의심하는 것은 우리 안에 믿음이 있기 때문일 것입니다. 믿음이 없다면 의심할 것조차 없을 테니까 말입니다. 의심은 어떤 면에서 믿음이 있다는 반증이 아닌가 하는 생각도 해봅니다. 믿기 위하여 의심하는 믿음이라고 말할 수 있을 것입니다.

분명한 것은 도마의 모습 속에서 "나도 가능하다"라는 생각을 해봅니다. 믿기 위하여 의심했던 도마처럼 나도 장성한 믿음에 이를 수 있을 것이라는 가능성 말입니다. 그리고 이러한 과정과 시간 속에서 결국 우리의 삶이 "보지 못하고 믿는 자들은 복되도다"(요 20:29)라고 하는 자리에 서게 될 것을 믿습니다. 비록 지금은 연약하지만 굳건한 믿음으로 서기를 소망합니다.

오늘의 기도

믿기 위해 의심했던 도마처럼 우리의 삶도 더 깊고, 크고, 넓은 믿음의 사람으로 세워지게 하소서.

23 신약

신자의 가장 큰 복

사도행전 16장 16-34절

25. 한밤중에 바울과 실라가 기도하고 하나님을 찬송하매 죄수들이 듣더라
26. 이에 갑자기 큰 지진이 나서 옥터가 움직이고 문이 곧 다 열리며 모든 사람의 매인 것이 다 벗어진지라
27. 간수가 자다가 깨어 옥문들이 열린 것을 보고 죄수들이 도망한 줄 생각하고 칼을 빼어 자결하려 하거늘
28. 바울이 크게 소리 질러 이르되 네 몸을 상하지 말라 우리가 다 여기 있노라 하니
29. 간수가 등불을 달라고 하며 뛰어 들어가 무서워 떨며 바울과 실라 앞에 엎드리고
30. 그들을 데리고 나가 이르되 선생들이여 내가 어떻게 하여야 구원을 받으리이까 하거늘
31. 이르되 주 예수를 믿으라 그리하면 너와 네 집이 구원을 받으리라 하고
32. 주의 말씀을 그 사람과 그 집에 있는 모든 사람에게 전하더라

어떤 목사님의 아들이 이렇게 말했다고 합니다. "아버지 예수 믿으면 복 받는다고 했는데 저는 예수 믿어서 복 받는 사람 못 봤습니다. 이제 설교에서 예수 믿으면 복 받는다고 하지 마세요."라고 말입니다. 더 놀라운 것은 그 목사님이 아들의 말을 듣고 그 말이 맞는 것 같아 반론을 제기하지도 못했다는 것입니다. 예수 믿으면 복을 받는다는 말, 문제는 우리가 그 복을 어떤 기준으로 생각하는가 하는 것입니다. 인간이 살아가는데 복의 내용은 참으로 다양합니다. 우리는 어느 특정한 것을 복의 기준으로 세워놓고 그것에 목표를 두어서는 안 된다. 예수 믿는 사람에겐 물질을 얻는 것도 복이고, 물질을 얻지 못하는 것도 복입니다.

사도행전 16장 16절 이하에 바울과 실라가 귀신들린 여종 하나를 해방하는 장면이 나옵니다. 이 일로 바울과 실라는 많은 매를 맞고 깊은 감옥에 갇히게 됩니다. 생각해 보면 귀신을 쫓아낼 수 있는 사람들이 왜 그렇게 힘없이 얻어맞고 감옥

에 갇히는 것일까요? 이와 비슷한 사건이 사도행전 14장 8절 이하에도 등장합니다. 바울은 루스드라에서 나면서 걸어본 적이 없는 사람을 보고 그에게 이렇게 명합니다. "큰 소리로 이르되 네 발로 일어나 서라 하니 그 사람이 일어나 걷는지라"(행 14:10) 이후 바울은 사람들에게 돌로 맞아 죽은 것 같이 되자 사람들은 그를 내다 버립니다.

걷지 못하는 사람을 일으킬 수 있는 사람이 왜 자신을 돌로 치는 사람들을 저지할 수 없었을까요? 바울과 실라가 옥에 갇혀 기도하고 찬양할 때 큰 지진이 나고 감옥 문이 열렸습니다. 그들이 차고 있던 차꼬가 다 벗어지는 역사가 일어납니다(행 14:26-27). 기도해서 지진이 일어나고 감옥 문이 열리는 역사가 있었는데, 왜 그렇게 죽도록 매를 맞고 감옥에 갇혀야 했을까요?

그 이유를 사도행전 16장 27절 이하에서 찾아볼 수 있습니다. 바울과 실라가 그렇게 매를 맞고 깊은 감옥에 들어가야만 했던 이유는 바로 바울 일행을 지켰던 간수와 그의 가족들을 구원하시려는 하나님의 뜻이 있었기 때문입니다. 우리는 이 사건을 통하여 전도할 때 가장 많이 사용하는 말씀을 보게 됩니다. "주 예수를 믿으라 그리하면 너와 네 집이 구원을 받으리라"(행 16:31)

바울 일행이 매를 맞고 옥에 갇혀야 하는 이유가 있었습니다. 하나님의 구원 역사를 이루는 데 필요했기 때문입니다. 하늘에서 이루어진 하나님의 뜻이 이 땅에서 우리를 통하여 이루어지는 것을 기뻐해야 합니다. 우리의 믿음이 날마다 조금씩 자라나고 깊어지기를 소망합니다.

오늘의 기도

내 삶이 가장 큰 복을 성취해 가는 인생이 되게 하소서.

24 신약 달려갈 길

사도행전 20장 23–28절

23. 오직 성령이 각 성에서 내게 증언하여 결박과 환난이 나를 기다린다 하시나
24. 내가 달려갈 길과 주 예수께 받은 사명 곧 하나님의 은혜의 복음을 증언하는 일을 마치려 함에는 나의 생명조차 조금도 귀한 것으로 여기지 아니하노라
25. 보라 내가 여러분 중에 왕래하며 하나님의 나라를 전파하였으나 이제는 여러분이 다 내 얼굴을 다시 보지 못할 줄 아노라
26. 그러므로 오늘 여러분에게 증언하거니와 모든 사람의 피에 대하여 내가 깨끗하니
27. 이는 내가 꺼리지 않고 하나님의 뜻을 다 여러분에게 전하였음이라
28. 여러분은 자기를 위하여 또는 온 양 떼를 위하여 삼가라 성령이 그들 가운데 여러분을 감독자로 삼고 하나님이 자기 피로 사신 교회를 보살피게 하셨느니라

스위스의 사상가인 칼 힐티는 사람에게 "인생 최고의 날은 자기 사명을 자각하는 날"이라고 말했습니다. 내가 무엇을 위해 살고, 무엇을 위해 죽을 것인가를 깨달은 날이 인생 최고의 날이라는 것입니다.

사도행전 20장 24절에는 바울의 이런 고백이 있습니다. "내가 달려갈 길과 주 예수께 받은 사명 곧 하나님의 은혜의 복음을 증언하는 일을 마치려 함에는 나의 생명조차 조금도 귀한 것으로 여기지 아니하노라"

이 말씀은 바울이 예루살렘으로 돌아가는 일정을 앞두고 에베소교회의 장로들을 청하여 불러놓고 한 일종의 고별 설교입니다. 23절이 말하는 것처럼 그는 예루살렘에는 결박과 환난이 자신을 기다리고 있음을 알고 있었습니다. 그러나 바울은 자신이 달려가야 할 길을 알기에 기꺼이 예루살렘으로 갑니다.

자신이 달려가야 할 길을 알았던 바울, 그는 예루살렘에서 붙잡혀 로마로

압송됩니다. 시간이 흘러 로마 감옥에서 나온 바울은 다시 복음을 전합니다. 그리고 다시 로마 감옥에 가게 됩니다. 로마의 감옥에 있으면서 그의 영적 아들 디모데에게 편지를 보냅니다. "나는 선한 싸움을 싸우고 나의 달려갈 길을 마치고 믿음을 지켰으니. 이제 후로는 나를 위하여 의의 면류관이 예비 되었으므로 주 곧 의로우신 재판장이 그 날에 내게 주실 것이며 내게만 아니라 주의 나타나심을 사모하는 모든 자에게도니라"(딤후 4:7-8)

자신의 "달려갈 길"을 위해 예루살렘으로 고난의 여정을 기꺼이 떠났던 바울, 그는 로마에서 순교 직전에 자신이 "달려갈 길"을 마쳤다고 말합니다. 믿음을 지켰다고, 주께서 자신에게 주실 "의의 면류관"을 보고 있다고 말입니다.

바울이 "달려갔던 길"을 볼 때마다 늘 숙연해집니다. 무엇보다 바울이 예루살렘으로 떠날 때 에베소 교회의 장로들에게 남겼던 부탁을 가슴에 새기고 있습니다. "여러분은 자기 자신을 잘 살피고 양 떼를 잘 보살피십시오. 성령이 여러분을 양 떼 가운데에 감독으로 세우셔서, 하나님께서 자기 아들의 피로 사신 교회를 돌보게 하셨습니다."(행 20:28 표준새번역)

하나님께서 자기 아들의 피로 사신 교회를 보살피고 돌보는 일, 그것은 주 안에서 부르심을 받은 성도 된 목사, 성도 된 장로, 성도 된 모든 자의 책임이자 의무입니다. 그리고 우리가 성도로 사는 동안 "달려가야 할 길"입니다. 자신의 길을 성실히 달려가기 위해 힘쓰는 우리가 되기를 소망합니다.

내 삶의 달려갈 길을 성실히 가게 하소서.

25 신약 마음지킴

로마서 2장 28-30절

28. 또한 본래 무할례자가 율법을 온전히 지키면 율법 조문과 할례를 가지고 율법을 범하는 너를 정죄하지 아니하겠느냐
29. 무릇 표면적 유대인이 유대인이 아니요 표면적 육신의 할례가 할례가 아니니라
30. 오직 이면적 유대인이 유대인이며 할례는 마음에 할지니 영에 있고 율법 조문에 있지 아니한 것이라 그 칭찬이 사람에게서가 아니요 다만 하나님에게서니라

"힐링"이라는 문화가 널리 퍼지면서 사람들이 자주 찾는 것이 있습니다. "마음 수련"이라는 것입니다. 마음 수련을 하는 곳은 요가라는 운동과 접목되어 있습니다. 그렇다면 이곳은 종교단체일까요? 아니면 운동을 하는 곳일까요?

"마음"이라는 영역은 기독교에 있어서도 아주 중요한 영역입니다. 이 영역을 다른 종교에 많은 부분 빼앗긴 것 같은 생각이 듭니다. 성경공부와 전도를 너무 열심히 하는 이단으로 인해 교회가 성경공부와 전도를 강조하면 이상하게 여기는 것처럼 말입니다.

사도 바울은 유대인들의 신앙적 이중성, 즉 겉과 속이 다른 모습에 대해서 지적하며 이런 말을 합니다. "무릇 표면적 유대인이 유대인이 아니요 표면적 육신의 할례가 할례가 아니니라. 오직 이면적 유대인이 유대인이며 할례는 마음에 할지니 영에 있고 율법 조문에 있지 아니한 것이라 그 칭찬이 사람에게서가 아니요 다만 하나님에게서니라"(롬 2:28-29)

유대인들은 자신들이 율법을 가지고 있고, 할례를 받은 특별한 백성이라는 생각, 즉 선민사상을 가지고 있었습니다. 바울은 표면적이고 외형적인 율법과 할

례보다 더 중요한 것이 바로 내면적인 것, 이면적인(inwardly-마음속으로, 내심) 율법과 할례가 더 중요함을 강조하고 있습니다. 율법을 가지고 있는 것이 중요한 것이 아니라 율법으로 죄를 깨달아 하나님 말씀 앞에 자신을 세우는 것이 중요합니다. 육체적 할례보다는 마음의 할례로 외면과 내면이 동일하게 순결을 지키는 것이 중요하다는 것입니다.

인간의 마음 상태가 얼마나 중요한지 성경은 이렇게 말씀합니다. "모든 지킬 만한 것 중에 더욱 네 마음을 지키라 생명의 근원이 이에서 남이니라"(잠 4:23)

내 영혼, 내 마음을 하나님 앞에 온전히 세워야겠습니다. 세상의 악한 것들에 마음을 빼앗기지 않아야 겠습니다. 하나님의 백성으로서 생명이 다하는 날까지 철저하게 마음을 지키고, 믿음을 지키는 삶이기를 소망합니다.

오늘의 기도

보이는 것보다 마음의 할례가 중요한 것임을 알게 하소서.

26 신약

문안하라

로마서 16장 16–27절

16. 너희가 거룩하게 입맞춤으로 서로 문안하라 그리스도의 모든 교회가 다 너희에게 문안하느니라
17. 형제들아 내가 너희를 권하노니 너희가 배운 교훈을 거슬러 분쟁을 일으키거나 거치게 하는 자들을 살피고 그들에게서 떠나라
18. 이같은 자들은 우리 주 그리스도를 섬기지 아니하고 다만 자기들의 배만 섬기나니 교활한 말과 아첨하는 말로 순진한 자들의 마음을 미혹하느니라
19. 너희의 순종함이 모든 사람에게 들리는지라 그러므로 내가 너희로 말미암아 기뻐하노니 너희가 선한 데 지혜롭고 악한 데 미련하기를 원하노라
20. 평강의 하나님께서 속히 사탄을 너희 발 아래에서 상하게 하시리라 우리 주 예수의 은혜가 너희에게 있을지어다
21. 나의 동역자 디모데와 나의 친척 누기오와 야손과 소시바더가 너희에게 문안하느니라
22. 이 편지를 기록하는 나 더디오도 주 안에서 너희에게 문안하노라
23. 나와 온 교회를 돌보아 주는 가이오도 너희에게 문안하고 이 성의 재무관 에라스도와 형제 구아도도 너희에게 문안하느니라
24. (없음)
25. 나의 복음과 예수 그리스도를 전파함은 영세 전부터 감추어졌다가
26. 이제는 나타내신 바 되었으며 영원하신 하나님의 명을 따라 선지자들의 글로 말미암아 모든 민족이 믿어 순종하게 하시려고 알게 하신 바 그 신비의 계시를 따라 된 것이니 이 복음으로 너희를 능히 견고하게 하실
27. 지혜로우신 하나님께 예수 그리스도로 말미암아 영광이 세세무궁하도록 있을지어다 아멘

라디오에서 김범수의 "보고 싶다"라는 노래가 흘러나왔습니다. 그 가수는 노래를 정말 잘 하는 가수라는 사실을 알게 되었습니다. 누군가를 사랑하고 그리워하는 애절한 마음을 노래로 잘 전달하니 말입니다.

누군가를 보고 싶은데 볼 수 없고, 누군가와 함께하고 싶은데 함께할 수 없다

는 것이 얼마나 큰 슬픔이겠습니까? 어쩔 수 없이 떠나기도 하고, 떠나보내야 하기도 합니다. 살면서 이런 일은 여러 번 반복되지만, 그때마다 아픈 것이 사실입니다.

하나님의 은혜와 성령의 감동하심으로 신약성경의 절반 이상을 기록한 사도 바울, 그의 서신에는 하나의 독특한 점이 있습니다. 매번 서신을 마무리할 때마다 함께 사역하는 사람들을 소개하면서 그들에게 "문안하라"라고 말하고 있다는 것입니다. 로마서의 마지막 장인 16장에도 사도 바울은 총 27명을 소개하면서 "문안하라"라고 말합니다.

사도 바울이 소개하고 있는 27명의 사람은 몇몇을 제외하고는 모두 이방인으로, 해방된 노예나 그의 후손들이었습니다. 10명의 여성 중에 6명(뵈뵈, 브리스가, 유니아, 드루배나, 드루보사, 버시)을 "주 안에서의 수고"로 칭찬하고 있습니다.

로마서 16장을 보면서 왠지 바울의 아쉬움이 느껴졌습니다. 좋은 사람들과 언제나 함께하고 싶은 마음이 있었을 텐데 그것을 뒤로하고 복음 사역의 여정을 떠나야 하는 그의 마음이 느껴졌기 때문입니다. 우리도 언제 어느 때 헤어져야 할지 모르는 것입니다. 함께할 때, 그리고 볼 수 있을 때 더 아끼고 사랑하며, 주님의 은혜를 나눌 수 있어야겠습니다.

주 안에서 아름다운 수고를 함께 이루어가며 서로에게 깊은 마음을 담아 문안하는 공동체가 되었으면 좋겠습니다. 함께 할 수 있는 지체가 있다는 것이 얼마나 감사한 일인지 깨닫는 우리가 되기를 소망합니다.

오늘의 기도

지체들이 서로에게 애틋한 문안이 있게 하소서.

27
신약

하나됨으로 세워지는 교회

고린도전서 1장 4-11절

4. 그리스도 예수 안에서 너희에게 주신 하나님의 은혜로 말미암아 내가 너희를 위하여 항상 하나님께 감사하노니
5. 이는 너희가 그 안에서 모든 일 곧 모든 언변과 모든 지식에 풍족하므로
6. 그리스도의 증거가 너희 중에 견고하게 되어
7. 너희가 모든 은사에 부족함이 없이 우리 주 예수 그리스도의 나타나심을 기다림이라
8. 주께서 너희를 우리 주 예수 그리스도의 날에 책망할 것이 없는 자로 끝까지 견고하게 하시리라
9. 너희를 불러 그의 아들 예수 그리스도 우리 주와 더불어 교제하게 하시는 하나님은 미쁘시도다
10. 형제들아 내가 우리 주 예수 그리스도의 이름으로 너희를 권하노니 모두가 같은 말을 하고 너희 가운데 분쟁이 없이 같은 마음과 같은 뜻으로 온전히 합하라
11. 내 형제들아 글로에의 집 편으로 너희에 대한 말이 내게 들리니 곧 너희 가운데 분쟁이 있다는 것이라

고린도전서는 사도 바울이 고린도 교회에 보낸 편지입니다. 고린도 교회는 바울이 브리스길라와 아굴라 부부의 집에서 개척하여 1년 6개월간 사역을 했던 교회입니다. 얼마간의 시간이 지난 후 바울은 고린도 교회에 분쟁이 있다는 소식을 전해 듣게 됩니다.

바울은 이 소식을 전해 듣고 마음이 어떠했을까 하는 생각을 해봅니다. 사람의 못된 심리 가운데 하나가 자신이 떠난 곳에 어려움이 있다는 이야기를 들으면 가슴 아파하기 전에 "봐라, 내가 떠나니 이런 문제점이 생기지 않느냐"며 자신을 드러내고 싶은 생각을 한다는 점입니다.

바울은 고린도 교회의 분쟁 소식을 들으며 어떤 마음이 들었을까요? 바울

은 고린도 교회의 안타까운 소식을 자신의 문제로 여겼던 것 같습니다. 그래서 그 아픔을 가지고 서신까지 보내고 있는 것입니다.

고린도의 성도들이 누구에게 속했느냐 하는 문제로 나누어졌습니다. 바울파, 아볼로파, 게바파, 그리스도파로 각각 나뉘었다고 말씀하고 있습니다.(12절) 오늘날 교회 안에도 이와 같은 일이 일어납니다. 목회자와 목회자 사이, 성도와 성도 사이에도 이와 같은 일이 있습니다. 이런 일이 일어나는 것은 자신의 추종자를 만들어서 자신의 권위를 높히고, 자신의 존재를 부각하려는 본성을 가지고 있기 때문입니다. 바로 그러한 일 때문에 교회가 분열되고, 갈라지는 것입니다.

또 하나 고린도 교회가 분쟁을 겪는 이유는 1장 5절과 7절 말씀의 역설과 반어적인 의미 때문이 아닌가 합니다. 모든 언변과 모든 지식에 풍족했고, 모든 은사에 부족함이 없었던 고린도 교회, 그러나 이것이 오히려 교회의 분쟁을 일으키는 원인이 되지 않았나 생각해 봅니다. 자신의 자랑과 자신의 잘남을 드러내는 곳에는 언제나 분쟁이 생기기 때문입니다.

우리는 교회를 화평케 하는 자인지, 아니면 분쟁을 일으키는 자인지 돌아봅니다. 혹시 우리 교회공동체가 주님이 걱정하시는 곳은 아닌지 깊이 생각해 봅니다.

주님이 걱정하지 않는 교회가 되기 위해서 사도 바울이 고린도전서 1장 10절에 말하는 것과 같이 "같은 말, 같은 마음, 같은 뜻"을 위해 모두가 힘써야 합니다. 주님이 온전하게 주인이 되는 교회로 세워지기를 소망합니다.

오늘의 기도

지체들이 서로에게 애틋한 문안이 있게 하소서.

28 신약

더욱 큰 은사, 가장 좋은 길

고린도전서 13장 1-13절

1. 내가 사람의 방언과 천사의 말을 할지라도 사랑이 없으면 소리 나는 구리와 울리는 꽹과리가 되고
2. 내가 예언하는 능력이 있어 모든 비밀과 모든 지식을 알고 또 산을 옮길 만한 모든 믿음이 있을지라도 사랑이 없으면 내가 아무 것도 아니요
3. 내가 내게 있는 모든 것으로 구제하고 또 내 몸을 불사르게 내줄지라도 사랑이 없으면 내게 아무 유익이 없느니라
4. 사랑은 오래 참고 사랑은 온유하며 시기하지 아니하며 사랑은 자랑하지 아니하며 교만하지 아니하며
5. 무례히 행하지 아니하며 자기의 유익을 구하지 아니하며 성내지 아니하며 악한 것을 생각하지 아니하며
6. 불의를 기뻐하지 아니하며 진리와 함께 기뻐하고
7. 모든 것을 참으며 모든 것을 믿으며 모든 것을 바라며 모든 것을 견디느니라
8. 사랑은 언제까지나 떨어지지 아니하되 예언도 폐하고 방언도 그치고 지식도 폐하리라
9. 우리는 부분적으로 알고 부분적으로 예언하니
10. 온전한 것이 올 때에는 부분적으로 하던 것이 폐하리라
11. 내가 어렸을 때에는 말하는 것이 어린 아이와 같고 깨닫는 것이 어린 아이와 같고 생각하는 것이 어린 아이와 같다가 장성한 사람이 되어서는 어린 아이의 일을 버렸노라
12. 우리가 지금은 거울로 보는 것 같이 희미하나 그 때에는 얼굴과 얼굴을 대하여 볼 것이요 지금은 내가 부분적으로 아나 그 때에는 주께서 나를 아신 것 같이 내가 온전히 알리라
13. 그런즉 믿음, 소망, 사랑, 이 세 가지는 항상 있을 것인데 그 중의 제일은 사랑이라

장염으로 편치 않은 시간을 보냈습니다. 고작 장염 하나도 이렇게 힘든데 육신의 질병을 앓고 있는 분들은 얼마나 어려울까를 생각하니 죄송하기까지 합니다. 주변에 아픈 분들을 위해 매일같이 기도를 빼먹지 않겠다고 다짐해 봅니다.

고린도전서 13장 4-7절은 사랑의 본질에 대해서 말씀하고 있습니다. "사랑은 오래 참고"로 시작하여 "모든 것을 견디느니라"로 끝이 납니다.

돌이켜보니 어머니는 저에게 언제나 오래 참으셨고, 모든 것을 견뎌내셨습니다. 놀라운 것은 예수님은 여전히 저에게 오래 참으시고 계십니다.

여기에 어떠한 수식어나 설명이 필요하지 않음을 느낍니다. 그저 고린도전서 13장을 묵상하는 것만으로도 풍성함과 풍요로움이 느껴지기 때문입니다.

그러나 우리가 하나 놓치지 말아야 할 것이 있습니다. 사랑 장은 고린도전서 12장 31절 말씀으로 시작된다는 것입니다.

사도 바울은 성령의 은사에 대한 말씀을 기록하면서 그 마지막 부분에 이렇게 말하는 것입니다. "그러나 여러분은 더 큰 은사를 열심히 구하십시오. 이제 내가 가장 좋은 길을 여러분에게 보여 드리겠습니다"(고전 12:31 새번역) 그리고 이어지는 말씀이 고린도전서 13장입니다.

우리가 열심히 구해야 할 더욱 큰 은사, 가장 좋은 길, 그것은 바로 사랑입니다.

모든 어린아이의 모습을 버리고, 모든 것 중에 제일인 "사랑" 앞에 자신을 세우는 시간이 되기를 소망합니다.

오늘의 기도

더욱 큰 은사, 가장 좋은 길이 사랑이라는 것을 알지만, 완전하게 사랑하지 못함을 용서해 주소서. 주님의 사랑으로 사랑하게 하소서.

29
신약

거룩한 삶이 목적입니다

고린도후서 6장 11절–7장 1절

11. 고린도인들이여 너희를 향하여 우리의 입이 열리고 우리의 마음이 넓어졌으니
12. 너희가 우리 안에서 좁아진 것이 아니라 오직 너희 심정에서 좁아진 것이니라
13. 내가 자녀에게 말하듯 하노니 보답하는 것으로 너희도 마음을 넓히라
14. 너희는 믿지 않는 자와 멍에를 함께 메지 말라 의와 불법이 어찌 함께 하며 빛과 어둠이 어찌 사귀며
15. 그리스도와 벨리알이 어찌 조화되며 믿는 자와 믿지 않는 자가 어찌 상관하며
16. 하나님의 성전과 우상이 어찌 일치가 되리요 우리는 살아 계신 하나님의 성전이라 이와 같이 하나님께서 이르시되 내가 그들 가운데 거하며 두루 행하여 나는 그들의 하나님이 되고 그들은 나의 백성이 되리라
17. 그러므로 너희는 그들 중에서 나와서 따로 있고 부정한 것을 만지지 말라 내가 너희를 영접하여
18. 너희에게 아버지가 되고 너희는 내게 자녀가 되리라 전능하신 주의 말씀이니라 하셨느니라

1. 그런즉 사랑하는 자들아 이 약속을 가진 우리는 하나님을 두려워하는 가운데서 거룩함을 온전히 이루어 육과 영의 온갖 더러운 것에서 자신을 깨끗하게 하자

사고(思考)하는 인간에게 가장 첫 번째 질문이 "나는 누구인가? 인간이란 무엇인가?"라는 질문이라고 합니다. 이 질문은 지금도 철학을 하는 모든 사람에게 계속되고 있습니다.

나는 어디서 왔고, 무엇을 위해 살아야 하며, 결국 어디로 돌아갈 것인가? 이것은 세상 사람들에게 여전히 해결되지 않는 의문이지만 신자에게는 참으로 간단하게 답을 주고 있습니다. 신자는 하나님께로부터 왔고, 하나님의 영광을 위하여 살다가 결국 하나님께로 돌아간다는 것입니다.

성경은 신자가 누구인가? 우리가 누구인가? 하는 것을 크게 3가지로 말씀하

고 있습니다. 고린도후서 6장 4절에서 우리를 "오직 모든 일에 하나님의 일꾼으로" 라고 말씀하고 있습니다. 고린도후서 6장 10절에서는 "모든 것을 가진 자로라"라고, 고린도후서 6장 16절에서는 "우리는 살아계신 하나님의 성전이라"라고 말씀하고 있습니다.

우리는 하나님의 일꾼이고, 모든 것을 가진 자이고, 살아계신 하나님의 성전입니다. 이 얼마나 영광스러운 내용입니까? 그런데 성경은 이어지는 말씀에서 우리에게 요구하고 있는 것이 있습니다. 우리가 해야 할 일을 말입니다.

고린도후서 7장 1절에서 이렇게 말씀합니다. "그런즉 사랑하는 자들아 이 약속을 가진 우리는 하나님을 두려워하는 가운데서 거룩함을 온전히 이루어 육과 영의 온갖 더러운 것에서 자신을 깨끗하게 하자"

하나님의 일꾼이요, 모든 것을 가진, 그리고 하나님의 거룩한 성전인 우리가 해야 할 일, 그것은 바로 우리 자신을 거룩하게, 즉 깨끗하게 하는 일입니다.

내가 하나님의 일꾼이면서도 세상이 감당하지 못하는 일꾼으로 살지 못하는 이유, 모든 것을 가진 존재임에도 그것을 누리지 못하고, 삶에 열매가 맺혀지지 않는 이유, 하나님의 성전임에도 어둠과 벨리알과 상관하며 사는 이유, 그것은 바로 나 자신의 거룩함, 나 자신의 깨끗함을 놓쳐서 그런 것입니다.

다시 거룩함으로 무장해야 합니다. 거룩한 삶이 내 삶의 목적이고, 목표이며, 결론이라는 것을 놓치지 않기를 소망합니다.

오늘의 기도

거룩함이 내 삶의 목표이고, 결론이 되게 하소서.

30
신약

따라서 걷기

갈라디아서 5장 16-23절

16. 내가 이르노니 너희는 성령을 따라 행하라 그리하면 육체의 욕심을 이루지 아니하리라
17. 육체의 소욕은 성령을 거스르고 성령은 육체를 거스르나니 이 둘이 서로 대적함으로 너희가 원하는 것을 하지 못하게 하려 함이니라
18. 너희가 만일 성령의 인도하시는 바가 되면 율법 아래에 있지 아니하리라
19. 육체의 일은 분명하니 곧 음행과 더러운 것과 호색과
20. 우상 숭배와 주술과 원수 맺는 것과 분쟁과 시기와 분냄과 당 짓는 것과 분열함과 이단과
21. 투기와 술 취함과 방탕함과 또 그와 같은 것들이라 전에 너희에게 경계한 것 같이 경계하노니 이런 일을 하는 자들은 하나님의 나라를 유업으로 받지 못할 것이요
22. 오직 성령의 열매는 사랑과 희락과 화평과 오래 참음과 자비와 양선과 충성과
23. 온유와 절제니 이같은 것을 금지할 법이 없느니라

살면서 어려운 것 중 하나가 바로 "선택"하는 것입니다. 해외의 어떤 유명한 디자이너는 신제품을 출시할 때 마지막 결정은 동전을 던져서 한다고 합니다. 선택한다는 것이 얼마나 어려운지 짐작할 수 있는 이야기입니다.

교회를 개척할 때 장소를 선택해야합니다. 필리핀에서 한국에 올 때 처음에는 천안아산 지역을 보았습니다. 그러나 상황은 생각한 것처럼 진행되지 않았습니다. 대전·세종지역을 보고, 파주까지 갔다가 최종적으로 홍성·내포지역을 선택하게 되었습니다.

파주를 가면서는 간절히 기도했습니다. 파주와 홍성·내포신도시 중에 어느 곳을 선택해야 할지 저에게 명확한 사인(sign)을 보여 주시기를 말입니다.

갈라디아서 5장 16절에 성경은 이렇게 말씀합니다. "내가 이르노니 너희는 성령을 따라 행하라"

여기 "행하라"라는 말의 의미는 "인도자의 뒤를 따라 걷다"라는 말입니다. 성령께서 우리의 인도자가 되신다는 말입니다. 그리고 우리는 성령을 따라 걷기만 하면 된다는 것입니다.

성령을 따라 걷는 삶에 맺히는 열매가 있습니다. 우리는 이것을 성령의 아홉 가지 열매라고 말합니다.

"오직 성령의 열매는 사랑과 희락과 화평과 오래 참음과 자비와 양선과 충성과 온유와 절제니 이같은 것을 금지할 법이 없느니라"(갈 5:22-23)

아름다운 열매 맺는 삶을 위해 우리가 해야 할 일은 성령을 따라서 걷는 것입니다. 성령을 따라서 걷기 위해 오늘도 끊임없이 물어야 합니다. "성령님! 어떤 것을 선택할까요? 어떤 길로 갈까요?"라고 말입니다.

성령 하나님과 함께 가장 좋은 것을 선택하고, 그 뒤를 따르는 삶이 되기를 소망합니다.

오늘의 기도

모든 선택에 있어 성령님께 질문하는 습관을 갖게 하소서.

31 신약

목표는 성공이 아니라 거룩입니다

에베소서 1장 1–14절

3. 찬송하리로다 하나님 곧 우리 주 예수 그리스도의 아버지께서 그리스도 안에서 하늘에 속한 모든 신령한 복을 우리에게 주시되
4. 곧 창세 전에 그리스도 안에서 우리를 택하사 우리로 사랑 안에서 그 앞에 거룩하고 흠이 없게 하시려고
5. 그 기쁘신 뜻대로 우리를 예정하사 예수 그리스도로 말미암아 자기의 아들들이 되게 하셨으니
6. 이는 그가 사랑하시는 자 안에서 우리에게 거저 주시는 바 그의 은혜의 영광을 찬송하게 하려는 것이라

역사적으로 신학의 큰 논쟁점 중 하나가 구원이 은혜인가, 아니면 행위인가? 하는 것입니다. 이것이 논쟁점이 되는 것은 인간의 죄성 때문입니다.

은혜는 하나님의 사랑을 말합니다. 사랑을 지나치게 강조하면 하나님의 사랑을 핑계 삼아 웬만한 죄를 범해도 두려워하지 않게 됩니다. 반면에 행위는 하나님의 공의을 말합니다. 공의를 지나치게 강조하면 하나님을 두려워한 나머지 율법적인 신앙에 빠지게 됩니다.

또 행위만 강조하면 하나님의 사랑을 받아들이지 않아 용서의 감격을 누리지 못하게 됩니다. 반면에 은혜가 너무 강조되면 웬만한 죄를 범해도 두려워하지 않게 됩니다. 은혜만 강조하는 사람은 어차피 은혜로 구원받았는데 내가 어떻게 살든 무슨 상관이냐는 신앙적 해이로 가는 것이고, 행위만 강조하는 사람은 어차피 내 힘으로 되는 것이라면 예수가 뭔 필요가 있느냐로 간다는 것입니다.

결국 인간의 죄성은 구원이 은혜이든, 행위이든 상관없이 자기 마음대로 살겠다는 겁니다.

에베소서에는 구원이 하나님의 은혜라는 사실을 강조하는 대표적인 말씀이 나옵니다. 에베소서 1장 4절에 이렇게 말합니다. "곧 창세 전에 그리스도 안에서 우리를 택하사 우리로 사랑 안에서 그 앞에 거룩하고 흠이 없게 하시려고"

우리가 창세 전에 구원을 위하여 택하심을 받았다면 우리의 구원은 절대적인 은혜입니다. 왜냐하면 창세 전에는 우리가 무엇인가를 할 수 있는 시기가 아니기 때문입니다. 동시에 이 말씀은 우리의 행위를 강조하고 있습니다. 우리를 구원하신 목적이 "그 앞에 거룩하고 흠이 없게 하시려고"이기 때문입니다.

은혜로 구원받은 자는 거룩하고 흠이 없게 살아야 하고, 살아야만 하며, 살아내야만 합니다. 구원에 있어서 행위는 은혜의 결과입니다. 물론 육체를 가진 우리는 여전히 연약하고, 원죄의 습성과 습관이 남아 있어서 이 일은 쉽지 않습니다. 하루아침에 완성되지도 않습니다. 분명한 것은 구원받은 자는 거룩과 흠 없음을 위하여 산다는 것입니다. 그것이 목표이고, 소망이며, 우리의 간절함입니다.

인생의 목표는 성공이 아니라 구원받은 자로 거룩하게 사는 것입니다. 우리의 삶이 거룩을 향한 성화의 여정이 되기를 소망합니다.

오늘의 기도

은혜로 구원받은 내가 거룩한 삶을 만들어 가게 하소서.

32

신약

나 자신을 확신하지 않기

에베소서 2장 1–10절

1. 그는 허물과 죄로 죽었던 너희를 살리셨도다
2. 그 때에 너희는 그 가운데서 행하여 이 세상 풍조를 따르고 공중의 권세 잡은 자를 따랐으니 곧 지금 불순종의 아들들 가운데서 역사하는 영이라
3. 전에는 우리도 다 그 가운데서 우리 육체의 욕심을 따라 지내며 육체와 마음의 원하는 것을 하여 다른 이들과 같이 본질상 진노의 자녀이었더니
4. 긍휼이 풍성하신 하나님이 우리를 사랑하신 그 큰 사랑을 인하여
5. 허물로 죽은 우리를 그리스도와 함께 살리셨고(너희는 은혜로 구원을 받은 것이라)
6. 또 함께 일으키사 그리스도 예수 안에서 함께 하늘에 앉히시니
7. 이는 그리스도 예수 안에서 우리에게 자비하심으로써 그 은혜의 지극히 풍성함을 오는 여러 세대에 나타내려 하심이라
8. 너희는 그 은혜에 의하여 믿음으로 말미암아 구원을 받았으니 이것은 너희에게서 난 것이 아니요 하나님의 선물이라
9. 행위에서 난 것이 아니니 이는 누구든지 자랑하지 못하게 함이라
10. 우리는 그가 만드신 바라 그리스도 예수 안에서 선한 일을 위하여 지으심을 받은 자니 이 일은 하나님이 전에 예비하사 우리로 그 가운데서 행하게 하려 하심이니라

에베소서 2장 3절은 우리가 본질상 진노의 자녀였다고 말합니다. 왜냐하면 우리가 허물과 죄로 죽어 악한 사탄의 권세 아래 살았기 때문입니다. 허물이라는 말은 "정로에서 떨어지다"라는 말이고, 죄라는 말은 "과녁에서 벗어나다"라는 말입니다. 우리가 있어야 할 자리에서 떨어져서 하나님께서 제시하신 생의 목표를 벗어난 것입니다. 본질상 진노의 자녀인 삶이 된 것입니다.

그랬던 우리가 긍휼이 풍성하신 하나님의 사랑으로 말미암아 은혜를 받았고, 예수 그리스도 안에서 하나님의 자녀가 되었습니다. 이제 우리의 삶은 공중의 권세 잡은 자를 따랐던 삶(엡 2:2)에서 벗어나 선한 일을 위하여 지으심(엡 2:10)을 받은 존재가 되었습니다.

문제는 여전히 내 안에 죄성이 남아 있다는 것입니다. 우리 안에 죄의 욕구가 남아 있음을 발견합니다. 내 안에 남아 있는 죄인의 성품이 여전히 나를 힘들게 하고 있습니다. 한시라도 정신을 팔고, 한눈을 팔면 내 심중의 깊은 곳을 악한 것에게 빼앗겨버리곤 합니다. 그래서 참으로 "나는 구원받은 죄인"임을 고백하지 않을 수 없습니다. 내가 구원받은 죄인이라는 것은 죄를 합리화하자는 것이 아닙니다. 나의 연약함에 대한 탄식입니다.

어떻게 내 영혼을 이 탄식에서 벗어나게 할 수 있을까요? 단 한 가지 방법은 오로지 은혜 안으로 들어가는 길밖에 없습니다. 은혜 안에 들어가면 죄성과 죄의 욕구를 이겨낼 수 있습니다.

그렇다면 또 어떻게 내 영혼을 은혜 안에 들어가게 할 수 있을까요? 그것의 단 한 가지 방법은 내가 얼마나 죄인인가를 매 순간 놓치지 않는 것입니다.

죄, 죄인이라는 말이 배척당하는 이 시대에 내가 은혜 아래 설 수 있는 비결은 죄인임을, 내가 죄의 덩어리임을 인정하고 자백하는 것입니다.

우리는 나 자신을 확신하지 못합니다. 아니 확신해서는 안 됩니다. 언제든 내 안에 죄의 욕구와 죄성이 은혜를 막아 우리를 본질상 진노의 자녀로 돌려놓을 수 있음을 알아야 합니다. 그것이 바로 깨어있는 신자의식이라는 사실을 기억하며 살기를 소망합니다.

오늘의 기도

나는 구원받은 죄인입니다. 죄에 지지 않으려고 하지만 참 연약합니다. 주의 은혜 아래 날마다 설 수 있도록 인도하여 주시옵소서.

33 신약

예수 믿는다는 것은 '그렇게' 사는 것이다

에베소서 5장 8-16절

8. 너희가 전에는 어둠이더니 이제는 주 안에서 빛이라 빛의 자녀들처럼 행하라
9. 빛의 열매는 모든 착함과 의로움과 진실함에 있느니라
10. 주를 기쁘시게 할 것이 무엇인가 시험하여 보라
11. 너희는 열매 없는 어둠의 일에 참여하지 말고 도리어 책망하라
12. 그들이 은밀히 행하는 것들은 말하기도 부끄러운 것들이라
13. 그러나 책망을 받는 모든 것은 빛으로 말미암아 드러나나니 드러나는 것마다 빛이니라
14. 그러므로 이르시기를 잠자는 자여 깨어서 죽은 자들 가운데서 일어나라 그리스도께서 너에게 비추이시리라 하셨느니라
15. 그런즉 너희가 어떻게 행할지를 자세히 주의하여 지혜 없는 자 같이 하지 말고 오직 지혜 있는 자 같이 하여
16. 세월을 아끼라 때가 악하니라

한국교회 초기 지도자 최흥종 목사님이 계십니다. 방탕한 삶을 살았던 그는 포사이드(Wiley H. Forsythe) 선교사를 만나고 삶이 바뀌었다고 합니다. 나병으로 죽어가는 사람을 헌신적으로 돌보는 선교사님의 모습을 보고, 정작 자신은 동족인데도 피하고 도망쳤던 모습을 떠올리게 됩니다. 그리고 자신에게 이런 질문을 했다고 합니다.

"왜 그는 하는데 나는 하지 못하는가? 내 동족인데도 피하고 도망쳤는데 어떻게 그는 자기 자식 대하듯 안을 수 있는가? 그와 나 사이에 무엇이 다른가?" 이러한 고민 끝에 마침내 답을 찾았다고 합니다. "그렇다. 사랑의 차이다. 예수 믿는다는 것은 '그렇게' 사는 것이다. 나도 사랑으로 살아야겠다."

이후 최흥종 목사님은 광주에 있는 땅 1000평을 기증하여 나병 환자를 돌보

는 진료소를 만들었습니다. 이것이 한국 최초의 나병 전문요양원인 광주한센병원이고, 후에 여수 애향원의 모체가 되었다고 합니다.

에베소서 5장 8절은 이렇게 말씀합니다. "여러분이 전에는 어둠이었으나, 지금은 주님 안에서 빛입니다. 빛의 자녀답게 사십시오"(표준새번역) 성경은 우리를 빛이라고 말하고, 빛의 자녀답게 살라고 말합니다. 빛의 자녀답게 사는 것이 무엇일까요? 에베소서 5장 9-10절에 이렇게 말씀합니다. "빛의 열매는 모든 선과 의와 진실에 있습니다. 주님께서 기뻐하시는 일이 무엇인지를 분별하십시오." (표준새번역)

빛의 자녀가 삶에서 맺어야 하는 열매는 모든 일에 선함과 의로움과 진실함이라고 성경은 말씀합니다. 무엇보다 주님께서 기뻐하시는 일을 분별해서 행해야 합니다.

빛의 자녀이기에 빛의 자녀답게 살고 있는지를 돌아봅니다. 내 삶의 열매들이 선함과 정의로움과 진실함이 있는지, 정말 주님께서 기뻐하시는 삶을 살기 위해 분별하고 있는지 말입니다.

성도의 성도 됨, 성도의 성도다움만큼 중요한 것은 없을 것입니다. 나의 삶이 빛의 자녀답게 "예수 믿는다는 것은 '그렇게' 사는 것이다"라고 말할 수 있기를 소망합니다.

오늘의 기도

내 안에 자리 잡은 악한 옛사람의 모습이 나를 더욱 힘들게 합니다. 내면을 잘 살피고 지킬 수 있게 하소서.

34 신약 내가 복음을 전해 들었던 것처럼 …

에베소서 6장 10-18절

10. 끝으로 너희가 주 안에서와 그 힘의 능력으로 강건하여지고
11. 마귀의 간계를 능히 대적하기 위하여 하나님의 전신 갑주를 입으라
12. 우리의 씨름은 혈과 육을 상대하는 것이 아니요 통치자들과 권세들과 이 어둠의 세상 주관자들과 하늘에 있는 악의 영들을 상대함이라
13. 그러므로 하나님의 전신 갑주를 취하라 이는 악한 날에 너희가 능히 대적하고 모든 일을 행한 후에 서기 위함이라
14. 그런즉 서서 진리로 너희 허리 띠를 띠고 의의 호심경을 붙이고
15. 평안의 복음이 준비한 것으로 신을 신고
16. 모든 것 위에 믿음의 방패를 가지고 이로써 능히 악한 자의 모든 불화살을 소멸하고
18. 구원의 투구와 성령의 검 곧 하나님의 말씀을 가지라

故 김대중 전 대통령이 남긴 책 가운데 '옥중서신'이라는 책이 있습니다. 이 책은 '김대중내란음모사건'이라는 죄명으로 감옥에 갇혀 있을 때 가족들과 나누었던 29통의 편지 내용입니다. 그런데 이 편지가 참 기가 막힙니다. 왜냐하면 29통의 편지를 책으로 만들었는데 페이지 수가 무려 400페이지나 넘기 때문입니다. 더군다나 그 당시 재소자들에게 허용되었던 편지가 겨우 엽서 한 장이라고 하는데 말입니다. 그 작은 엽서에 얼마나 깨알같이 글씨를 썼던지 엽서 하나는 원고지 104장 분량의 글로 채워졌다고 합니다. 한승헌 전 감사원장은 김대중 대통령의 옥중서신은 단순히 편지글이 아니라고 말합니다. 이것은 편지의 형식을 빌린 신앙고백이요, 연구 논문이며, 문명비평이요, 역사 탐구이자, 이 땅의 동포와 역사 앞에 띄우는 간절한 메시지였다고 말입니다.

우리는 에베소서를 옥중서신이라고 부릅니다. 사도 바울이 로마의 감옥에 있을 때 보낸 서신이기 때문입니다. 사도 바울은 에베소 교회에 편지를 쓰면서 그

서신의 마지막 부분에 이렇게 말합니다. "또 나를 위하여 기도하기를 내가 입을 열 때 하나님께서 말씀을 주셔서 담대하게 복음의 비밀을 알릴 수 있게 해 달라고 하십시오. 나는 사슬에 매여 있으나 이 복음을 전하는 사신입니다. 이런 형편에서도 내가 마땅히 해야 할 말을 담대하게 말할 수 있게 기도하여 주십시오.(엡 6:19-20 표준새번역)

감옥에 있는데 무슨 복음을 전할 수 있을까요? 이런 경우는 감옥에서 나올 수 있게 기도해달라고 하는 것이 맞지 않을까요? 그런데 사도 바울은 사슬에 매여 있으나 자신은 복음을 전하는 자요, 담대하게 복음의 비밀을 알릴 수 있게 해달라고 기도를 요청하고 있습니다. 또 다른 옥중서신을 보면 사도 바울이 옥에서 군인들(시위대)과 감옥을 오가는 많은 사람에게 복음을 전하였다(빌 1:12-13)고 성경은 말합니다. 더 나아가서 바울은 오늘 우리에게도 복음을 전하고 있습니다.

내가 누군가에게 복음을 전하여 한 사람을 주님께 인도하면, 그 한 사람이 또 다른 사람을 주님께 인도할 것입니다. 그리고 그 사람이 또 다른 사람에게 복음을 전하게 될 것입니다. 내가 누군가에게 복음을 전해 들었던 것처럼 말입니다.

우리의 삶이 어떠한 환경과 상황 가운데 있든지 복음의 전달자가 되기를, 그래서 세상을 변화시키는 자로 세워지길 소망합니다.

오늘의 기도

한 사람이 전한 복음이 그 한 사람으로 끝나지 않음을 기억하며 어떠한 상황에도 복음 전하는 자가 되게 하소서.

35 신약

사랑의 힘

빌립보서 1장 12–18절

12. 형제들아 내가 당한 일이 도리어 복음 전파에 진전이 된 줄을 너희가 알기를 원하노라
13. 이러므로 나의 매임이 그리스도 안에서 모든 시위대 안과 그 밖의 모든 사람에게 나타났으니
14. 형제 중 다수가 나의 매임으로 말미암아 주 안에서 신뢰함으로 겁 없이 하나님의 말씀을 더욱 담대히 전하게 되었느니라
15. 어떤 이들은 투기와 분쟁으로, 어떤 이들은 착한 뜻으로 그리스도를 전파하나니
16. 이들은 내가 복음을 변증하기 위하여 세우심을 받은 줄 알고 사랑으로 하나
17. 그들은 나의 매임에 괴로움을 더하게 할 줄로 생각하여 순수하지 못하게 다툼으로 그리스도를 전파하느니라
18. 그러면 무엇이냐 겉치레로 하나 참으로 하나 무슨 방도로 하든지 전파되는 것은 그리스도니 이로써 나는 기뻐하고 또한 기뻐하리라

어느 연인의 이야기입니다. 초혼인 여성은 서울대를 졸업하고 미국에서 공부하고 돌아왔으며, 아버지는 의사입니다. 남성은 고등학교를 졸업하고 특별한 직업이 없으며, 모아놓은 재산도 없는 그야말로 무일푼입니다. 정치를 좋아하는 사람입니다. 그는 재혼을 생각하고 있습니다. 아내와 사별하고 두 명의 자녀를 두고 있으며, 몸이 불편한 홀어머니와 시누이가 있습니다. 결혼하면 홀어머니를 모셔야 합니다.

이러한 조건의 결혼을 찬성할 사람이 어디 있겠습니까? 그런데 이 사랑 이야기는 故 김대중 대통령과 이희호 여사의 이야기입니다. 이희호 여사는 이렇게 말합니다. “김대중과 나의 결혼은 모험이었다. ‘운명’은 문밖에서 기다렸다는 듯이 거세게 노크했다.”

두 분의 사랑은 故 김대중 대통령이 사형 선고를 받아 옥에 갇혀 있는 상황에서 더욱 애틋하게 이어졌다고 합니다. 어려운 감옥 생활이지만 두 분의 깊은 사랑이 그것을 이겨내는 데 큰 힘이 되었을 것입니다.

빌립보서는 사도 바울이 옥에 갇혀서 기록한 편지 가운데 하나입니다. 옥에 갇혀서 쓰는 편지이니 얼마나 안타깝고 처량하겠습니까? 그러나 빌립보서는 놀랍게도 "기쁨"을 주제로 하고 있습니다.

사도 바울이 옥에서도 기쁨을 잃지 않고 사역할 수 있었던 이유가 무엇일까요? 그것 역시 "사랑의 힘"이 아닐까 싶습니다. 사도 바울은 이렇게 말합니다. "나의 간절한 기대와 소망을 따라 아무 일에든지 부끄러워하지 아니하고 지금도 전과 같이 온전히 담대하여 살든지 죽든지 내 몸에서 그리스도가 존귀하게 되게 하려 하나니 이는 내게 사는 것이 그리스도니 죽는 것도 유익함이라"(빌 1: 20-21)

예수님께서 사랑하시는 사도 바울, 그리고 사도 바울의 예수님 사랑, 그것은 세상 어떤 것도 끊을 수 없는 사랑이었습니다. 살든지 죽든지 말입니다.

내 안에 끊을 수 없는 사랑, 끊길 수 없는 사랑이 담겨있는지 돌아보아야겠습니다. 주님의 사랑, 그 사랑의 힘으로 다른 사람을 사랑하며 사는 삶이기를 소망합니다.

오늘의 기도

내 가 받은 사랑을 나누는 인생이 되게 하소서.

36 신약 위의 것으로 살기

골로새서 3장 1-11절

2. 위의 것을 생각하고 땅의 것을 생각하지 말라
3. 이는 너희가 죽었고 너희 생명이 그리스도와 함께 하나님 안에 감추어졌음이라
4. 우리 생명이신 그리스도께서 나타나실 그 때에 너희도 그와 함께 영광 중에 나타나리라
5. 그러므로 땅에 있는 지체를 죽이라 곧 음란과 부정과 사욕과 악한 정욕과 탐심이니 탐심은 우상 숭배니라
6. 이것들로 말미암아 하나님의 진노가 임하느니라
7. 너희도 전에 그 가운데 살 때에는 그 가운데서 행하였으나
8. 이제는 너희가 이 모든 것을 벗어 버리라 곧 분함과 노여움과 악의와 비방과 너희 입의 부끄러운 말이라
9. 너희가 서로 거짓말을 하지 말라 옛 사람과 그 행위를 벗어 버리고
10. 새 사람을 입었으니 이는 자기를 창조하신 이의 형상을 따라 지식에까지 새롭게 하심을 입은 자니라

"함께 사는 기적"이라는 제목의 책이 있습니다. 이 책은 프랑스 떼제 공동체를 섬기고 있는 신한열 수사가 쓴 책입니다. 떼제 공동체는 "인간의 화해"라고 하는 간절한 소망으로 공동생활과 독신, 단순 소박한 삶을 추구하는 초교파적인 국제공동체입니다.

그런데 이러한 모습이 먼 프랑스만의 이야기가 아니었습니다. 우리나라의 한 여성 수도자 박공순 원장에 대한 글을 읽었습니다. 87세에 벽제 동광원이라는 공동체를 이끌며 직접 농사일을 하셨습니다. 그런데 노환으로 거동이 어려워지자 한 달 반 동안 곡기를 끊고 단식을 하고는 귀천(歸天)했다는 글이었습니다.

죽음의 단식을 하면서도 미소 지을 수 있는 그 여성 수도자의 힘은 도대체 어디에서 나온 것일까요? 그는 이렇게 말합니다. "숨 쉬는 것이 기도지요. 하나님이

주신 공기를 마시는데 어찌 감사하지 않을 수 있겠소"라고 말입니다.

골로새서 3장 1절과 2절은 이렇게 말씀합니다. "위의 것을 찾으라, 위의 것을 생각하라"라고 말입니다. 위의 것을 찾고, 위의 것을 생각하며 사는 것, 성경은 바로 그것이 신자의 삶이라고 말합니다. 위의 것을 찾고, 위의 것을 생각하며 살아내기 위해서 우리가 해야 할 일이 있음을 말합니다. 그것은 바로 "땅의 것을 생각하지 않고, 땅의 것을 죽이는 것"(골 3:2,5)이라고 말입니다.

성경은 왜 우리가 땅의 것을 생각하지 않고, 땅의 것을 죽여야 하는가에 대해서 이렇게 말합니다. "새 사람을 입었으니 이는 자기를 창조하신 이의 형상을 따라 지식에까지 새롭게 하심을 입은 자니라"(골 3:10)

하나님의 사람, 성도는 새사람을 입은 자들입니다. 새롭게 하심을 입은 자이기에 우리는 위의 것을 찾고 생각하면서 땅의 것, 즉 음란과 부정과 사욕과 악한 정욕과 탐심(골 3:5)을 죽여야 한다고 말합니다.

앞에서 말했던 그 여성 수도자는 사는 동안 스승의 유언을 따라 살았다고 합니다. 그분의 스승이 남긴 유언은 "청빈과 순결만이 세상을 이기는 길"이라는 말이었습니다. "청빈과 순결" 그것은 이 땅의 욕심을 버리고 하나님을 바라보라는 것입니다. 바로 "위의 것"이 아니겠습니까?

우리의 모습을 돌아봅니다. 여전히 땅의 것으로 가득한 모습을 봅니다. 새사람을 입었음에도 말입니다. 하나님 나라를 향하여, 다시 위의 것을 바라보며 나아가기를 소망합니다.

오늘의 기도

여전히 내 안에 가득한 땅의 것들을 봅니다. 땅의 것을 버리고 위의 것을 보게 하소서.

37 신약

굳이 말을 해야하다면…

골로새서 4장 2–9절

2. 기도를 계속하고 기도에 감사함으로 깨어 있으라
3. 또한 우리를 위하여 기도하되 하나님이 전도할 문을 우리에게 열어 주사 그리스도의 비밀을 말하게 하시기를 구하라 내가 이 일 때문에 매임을 당하였노라
4. 그리하면 내가 마땅히 할 말로써 이 비밀을 나타내리라
5. 외인에게 대해서는 지혜로 행하여 세월을 아끼라
6. 너희 말을 항상 은혜 가운데서 소금으로 맛을 냄과 같이 하라 그리하면 각 사람에게 마땅히 대답할 것을 알리라
7. 두기고가 내 사정을 다 너희에게 알려 주리니 그는 사랑 받는 형제요 신실한 일꾼이요 주 안에서 함께 종이 된 자니라
8. 내가 그를 특별히 너희에게 보내는 것은 너희로 우리 사정을 알게 하고 너희 마음을 위로하게 하려 함이라
9. 신실하고 사랑을 받는 형제 오네시모를 함께 보내노니 그는 너희에게서 온 사람이라 그들이 여기 일을 다 너희에게 알려 주리라

떼제 공동체를 섬기는 신한열 수사님의 "함께 사는 기적"이라는 책에서 기도에 대하여 이렇게 말합니다. "기도할 때 필요한 것은 많은 말이 아니라 하나님을 향해 우리 마음을 여는 것이다. 기도는 내 처지와 상황에 대해 하나님께 설명하고 설득해서 무언가를 얻어내려는 시도가 아니다. 신뢰하는 마음으로 그분 앞에 머무는 것이다. 그것은 무엇보다 '듣는' 시간, 우리에게 말을 건네시는 하나님의 목소리에 귀 기울이는 시간이다."

우리가 생각하는 기도와 참 많이 다르게 느껴집니다. 기도는 부르짖어야 하고, 할 수 있는 한 많은 것을 주님께 쏟아놓아야 한다고 생각하는데, 오히려 우리의 말보다 하나님의 음성을 듣기 위해 그분 앞에 조용히 머무는 시간이라고 말합니다.

기도가 조용히 듣는 시간이라는 것과 일맥상통하는 것이 또 하나 있습니다. 그것은 바로 우리의 "말"입니다. 말도 많이 하는 것보다 잘 듣는 것이 더 중요하다는 것은 진리에 가깝습니다. 기도시간에 하나님께 말하는 것보다 말씀을 듣는 것이 더 어려운 것처럼, 말도 하는 것보다 듣기가 더 어렵습니다.

골로새서 4장 6절은 이렇게 말씀합니다. "여러분의 말은 소금으로 맛을 내어 언제나 은혜가 넘쳐야 합니다. 여러분은 각 사람에게 어떻게 대답해야 마땅한지를 알아야 합니다." (표준새번역)

성경은 말을 해야 한다면 그 말이 은혜가 넘치는 말이어야 한다고 말합니다. 그래서 골로새서 3장 17절은 "또 무엇을 하든지 말에나 일에나 다 주예수의 이름으로 하고"라고 말씀합니다.

말을 안 할 수는 없습니다. 말을 한다면 은혜가 넘치는 말을 하고, 무슨 말을 하든 주 예수 그리스도의 이름으로 하는 것, 그것이 바로 성도의 실력이 아닌가 싶습니다.

여기서 한발 더 나아가 떼제 공동체의 규칙을 생각해 봅니다. "그리스도 안에 머물기 위해서 모든 일에 내적 침묵을 유지하라"

말을 많이 하고, 듣는 것보다는 말하는 것에 익숙한 우리의 모습을 돌아봅니다. 말을 잘하는 사람은 말을 많이 하는 사람이 아니라 잘 듣는 사람이고, 말을 더 잘하는 사람은 바로 침묵할 줄 아는 사람이라는 것을 아는 우리가 되길 소망합니다.

오늘의 기도

말로 누군가에게 상처주지 않는 삶이 되게 하소서.

38 신약

이런 삶

데살로니가전서 1장 4–7절

4. 하나님의 사랑하심을 받은 형제들아 너희를 택하심을 아노라
5. 이는 우리 복음이 너희에게 말로만 이른 것이 아니라 또한 능력과 성령과 큰 확신으로 된 것임이라 우리가 너희 가운데서 너희를 위하여 어떤 사람이 된 것은 너희가 아는 바와 같으니라
6. 또 너희는 많은 환난 가운데서 성령의 기쁨으로 말씀을 받아 우리와 주를 본받은 자가 되었으니
7. 그러므로 너희가 마게도냐와 아가야에 있는 모든 믿는 자의 본이 되었느니라

인도 사람들은 "정치에는 간디가 있다면 경제에는 타타가 있다"라는 말을 합니다. 타타는 그룹의 이름이면서 회장인 라탄 타타의 이름이기도 합니다. 이 기업이 참 특이한 것이 있습니다. 7개 분야에 100여 개의 자회사를 거느리고 있지만, 기업의 비자금이 없고, 노동자의 파업이 없다는 것입니다. 더 놀라운 것은 회사 이윤의 66%를 빈민 구제와 교육 사업에 사용하고 있다는 것입니다. 종교단체 이상으로 재정을 투명하게 관리하며 빈민을 구제하고, 교육하여 사회적인 영재로 만드는 것이 기업의 목표라고 합니다. 그래서 타타 그룹은 인도인들이 가장 자랑스러워하고 존경하는 기업입니다.

타타 그룹은 '나노'라고 하는 세계에서 가장 싼 자동차를 만들기도 합니다. 가격은 한화로 240만 원 정도입니다. 어느 날 라탄 타타 회장은 출근하는 길에 한 가족을 보았습니다. 온 가족이 스쿠터를 타고 가다가 고장이 났습니다. 이를 수리하기 위하여 아이들은 비 내리는 길에 서 있을 수밖에 없었습니다. 어린아이가 비를 맞으며 떨고 있는 모습을 가슴 아프게 생각한 타타 회장은 5년의 연구 끝에 오토바이 가격으로 살 수 있는 자동차를 만들었습니다.

사도 바울은 데로살로니가 교회의 성도들을 칭찬하면서 이런 말을 합니다. "하나님의 사랑하심을 받은 형제들아 너희를 택하심을 아노라. 이는 우리 복음이 너희에게 말로만 이른 것이 아니라 또한 능력과 성령과 큰 확신으로 된 것임이라 우리가 너희 가운데서 너희를 위하여 어떤 사람이 된 것은 너희가 아는 바와 같으니라. 또 너희는 많은 환난 가운데서 성령의 기쁨으로 말씀을 받아 우리와 주를 본받은 자가 되었으니 그러므로 너희가 마게도냐와 아가야에 있는 모든 믿는 자의 본이 되었느니라"(살전 1:4-7)

"복음이 말로만 임한 것이 아닌 삶", "어떤 환경에도 주를 본받는 삶", "모든 믿는 자의 본이 되는 삶" 이런 삶을 살고 싶습니다. 또한 우리 교회가 그런 교회가 되었으면 좋겠습니다.

한국 교회와 그리스도인들이 안타까움과 절박한 마음을 가져야 합니다. 이러한 삶이 되도록 노력해야 합니다. 언젠가는 우리나라에도 인도의 타타 그룹과 같이 많은 이들에게 사랑을 전하는 크리스천 기업이 세워질 것입니다. 세상에서 교회와 성도들이 존경받고 인정받게 될 것입니다.

우리에게 주어진 삶을 살아내기 위해 힘써야 할 것입니다. 하나님께서 주신 사명을 다시금 떠올리며, 사랑을 전하기 위해 뛰어야 할 것입니다. 나를 사랑하신 주님의 사랑을 먼저 아는 것이 그 첫 걸음임을 깨닫게 되기를 소망합니다.

오늘의 기도

성도들의 기업이 타타 그룹의 정신을 가진 좋은 기업으로, 그리스도의 사랑을 나누는 기업으로 성장하게 하소서.

39 신약 고난은 하나님의 공의이다

데살로니가후서 1장 3-9절

3. 형제들아 우리가 너희를 위하여 항상 하나님께 감사할지니 이것이 당연함은 너희의 믿음이 더욱 자라고 너희가 다 각기 서로 사랑함이 풍성함이니
4. 그러므로 너희가 견디고 있는 모든 박해와 환난 중에서 너희 인내와 믿음으로 말미암아 하나님의 여러 교회에서 우리가 친히 자랑하노라
5. 이는 하나님의 공의로운 심판의 표요 너희로 하여금 하나님의 나라에 합당한 자로 여김을 받게 하려 함이니 그 나라를 위하여 너희가 또한 고난을 받느니라
6. 너희로 환난을 받게 하는 자들에게는 환난으로 갚으시고
7. 환난을 받는 너희에게는 우리와 함께 안식으로 갚으시는 것이 하나님의 공의시니 주 예수께서 자기의 능력의 천사들과 함께 하늘로부터 불꽃 가운데에 나타나실 때에
8. 하나님을 모르는 자들과 우리 주 예수의 복음에 복종하지 않는 자들에게 형벌을 내리시리니
9. 이런 자들은 주의 얼굴과 그의 힘의 영광을 떠나 영원한 멸망의 형벌을 받으리로다

기복주의를 말하는 교회에서는 성도들이 당하는 고난을 서로 나눌 수 없는 안타까움이 있습니다. 왜냐하면 예수를 믿으면 형통해야(?) 하는데 고난 중에 있기 때문입니다. 우리는 가끔 고난 중에 있는 사람을 보면서 그의 믿음이 적다거나 혹은 어떤 믿음의 행위를 하지 않은 것으로 치부할 때가 있습니다.

교회는 어떤 모임이나 어떤 단체보다 함께 웃고, 함께 울어야 하는 공동체인데도 자신들이 심판자가 되어 속단하는 모습은 참으로 슬픈 일이 아닐 수 없습니다.

데살로니가후서에서는 이렇게 말씀합니다. "그러므로 우리는 온갖 박해와 환난 가운데서도 여러분이 간직한 그 인내와 믿음을 두고서 하나님의 여러 교회

에서 여러분을 자랑하고 있습니다. 이 일은 하나님의 공의로운 심판의 표이니, 하나님께서 여러분을 하나님 나라에 합당한 사람이 되게 하시려고 주신 것입니다. 여러분은 참으로 그 나라를 위하여 고난을 당하고 있습니다."(살후 1:4-5 표준새번역)

사도 바울은 신자의 삶에서 경험되는 온갖 박해와 환난이 놀랍게도 하나님으로부터 왔다고 말하고 있습니다. 하나님께서 그렇게 하시는 것은 분명한 목적이 있습니다. 하나님 나라에 합당한 사람이 되게 하시려는 것입니다.

그렇습니다. 우리가 당하는 고난과 박해는 나로 하여금 하나님 나라에 합당한 사람이 되게 하시려는 하나님의 계획입니다.

물론 고난은 힘들고 아프며 감당하기 어렵습니다. 그러나 우리에게 고난을 허락하신 하나님께서는 우리를 인도하시고, 이기게 하십니다. 시간이 지난 후에 그것이 간증이 되고, 그것이 감사가 되는 것입니다. 고난 속에서 내가 만들어졌고, 다듬어졌고, 변화되었으며, 무엇보다 하나님의 사람다워졌기 때문입니다.

우리가 놓치지 말아야 할 것이 있습니다. "환난을 받는 너희에게는 우리와 함께 안식으로 갚으시는 것이 하나님의 공의시니"(살후 1:7)라고 말씀하십니다. 하나님을 신뢰하며 어떠한 고난과 환난에도 믿음 잃지 않기를 소망합니다.

오늘의 기도

고난의 의미를 알고 하나님께 더 가까이 가게 하소서.

40 신약 내게 주신 직분

디모데전서 3장 1-13절

8. 이와 같이 집사들도 정중하고 일구이언을 하지 아니하고 술에 인박히지 아니하고 더러운 이를 탐하지 아니하고
9. 깨끗한 양심에 믿음의 비밀을 가진 자라야 할지니
10. 이에 이 사람들을 먼저 시험하여 보고 그 후에 책망할 것이 없으면 집사의 직분을 맡게 할 것이요
11. 여자들도 이와 같이 정숙하고 모함하지 아니하며 절제하며 모든 일에 충성된 자라야 할지니라
12. 집사들은 한 아내의 남편이 되어 자녀와 자기 집을 잘 다스리는 자일지니
13. 집사의 직분을 잘한 자들은 아름다운 지위와 그리스도 예수 안에 있는 믿음에 큰 담력을 얻느니라

교회를 개척하고 목회를 할 때 나름대로 많은 준비를 했다고 생각했습니다. 교회개척과 목회에 관한 책도 읽고, 다른 교회들을 탐방하여 연구하고 조사하기도 했습니다. 그 과정을 통하여 수십 페이지의 자료가 정리되었고, 그 자료를 바탕으로 목회 계획서를 만들었습니다. 그러나 막상 목회를 시작하니 나의 계획대로 되는 것은 별로 없었습니다.

정치인들이 정치는 생물이라고 말하는 것처럼, 목회도 사람과의 관계에서 이루어지기에 생물처럼 움직이는 것 같습니다. 계획대로, 목표한 대로 되지도 않습니다. 그렇게 될 수도 없는 것 같습니다.

목회가 생물처럼 변화무쌍하고, 계획한 대로 되지 않지만 분명한 것은 흔들리지 않는 사역의 원칙이 있어야 한다는 것을 깨달았습니다.

디모데전서는 목회 서신이라고 말합니다. 사도 바울이 믿음의 아들 디모데

에게 편지를 써서 목회에 대한 교훈과 방침을 전해주고 있습니다. 3장에서 사도 바울은 교회의 직분자에 대해 말씀하고 있습니다. 3장 1~7절은 감독(장로)의 자격을, 8~13절에서는 집사의 자격을 말하고 있습니다.

오늘날 교회의 직분은 신약시대 교회의 직분과는 분명하게 다릅니다. 신약교회의 직분은 철저한 삶의 모습으로 주어졌다면 오늘날의 교회 직분은 교회 나온 기간이나 교회에 기여 하는 정도에 따라 주기도 합니다. 때로는 교회를 떠나지 않게 하려는 수단으로 사용되기도 합니다. 신약교회의 직분은 철저히 교회 사역을 위한 직분이라면 오늘날의 교회 직분은 직급과 호칭이 되어버렸습니다.

교회에서 직분자를 세울 때 원칙이 있습니다. 직분을 받은 사람이 직분자로서 올바르게 살지 못할 때는 언제든지 스스로 직분을 내려놓도록 하는 것입니다. 직분을 받는 사람은 언제나 이러한 것을 서약하게 합니다. 돌아보면 그 원칙을 따르며 직분자를 세우는 것도, 직분자로서 사는 것도 많은 어려움이 있다는 것을 느낍니다. 그럼에도 불구하고 우리는 올바른 성도의 모습으로 살아야 하기에 인내하고 감당해야 할 부분입니다.

한 명의 성도로서, 목회자로서 내게 주신 직분을 잘 감당해야 합니다. 각자가 직분자로서의 역할을 바르게 감당하기 위하여 날마다 힘쓰고 애쓰는 삶이기를 소망합니다.

모든 지체가 올바른 직분 의식을 갖고 믿음의 삶을 살게 하소서.

41 신약

부끄럽지 않기 위하여

히브리서 4장 12-16절

12. 하나님의 말씀은 살아 있고 활력이 있어 좌우에 날선 어떤 검보다도 예리하여 혼과 영과 및 관절과 골수를 찔러 쪼개기까지 하며 또 마음의 생각과 뜻을 판단하나니
13. 지으신 것이 하나도 그 앞에 나타나지 않음이 없고 우리의 결산을 받으실 이의 눈 앞에 만물이 벌거벗은 것 같이 드러나느니라
14. 그러므로 우리에게 큰 대제사장이 계시니 승천하신 이 곧 하나님의 아들 예수시라 우리가 믿는 도리를 굳게 잡을지어다
15. 우리에게 있는 대제사장은 우리의 연약함을 동정하지 못하실 이가 아니요 모든 일에 우리와 똑같이 시험을 받으신 이로되 죄는 없으시니라
16. 그러므로 우리는 긍휼하심을 받고 때를 따라 돕는 은혜를 얻기 위하여 은혜의 보좌 앞에 담대히 나아갈 것이니라

가끔 이런 생각을 해봅니다. 마음속으로 생각하고, 남들 모르게 했던 행동이 하나님의 나라에 가서 낱낱이 드러나 보이면 어떻게 할까하는 생각 말입니다.

생각만 해도 무섭고 부끄럽습니다. 히브리서 4장 13절에 성경은 이렇게 말씀하고 있습니다. "하나님 앞에는 아무 피조물도 숨겨진 것이 없고, 모든 것이 그의 눈 앞에 벌거숭이로 드러나 있습니다. 우리는 그의 앞에 모든 것을 드러내 놓아야 합니다."(표준새번역)

하나님 앞에 우리는 숨길 수도 없고, 숨겨질 수도 없습니다. 그렇기에 우리가 어떻게 살아야 하는가를 생각해야 합니다.

바로 앞 구절은 이렇게 말씀하고 있습니다. "하나님의 말씀은 살아 있고 힘

이 있어서, 어떤 양날 칼보다도 더 날카롭습니다. 그래서 사람 속을 꿰뚫어 혼과 영을 갈라내고, 관절과 골수를 갈라놓기까지 하며, 마음에 품은 생각과 의도를 밝혀냅니다."(히 4:12 표준새번역)

하나님 앞에 숨길 수도 없고, 숨겨질 수도 없습니다. 하나님의 말씀 앞에 자신을 세워서 마음에 있는 생각을 점검해 나가야 합니다. 그럼에도 불구하고 우리의 육신은 연약하기에 성경은 이렇게 말씀합니다. "그러나 우리에게는 하늘에 올라가신 위대한 대제사장이신 하나님의 아들 예수가 계십니다. 그러므로 우리의 신앙 고백을 굳게 지킵시다. 우리의 대제사장은 우리의 연약함을 동정하지 못하시는 분이 아닙니다. 그는 모든 점에서 우리와 마찬가지로 시험을 받으셨지만, 죄는 없으십니다. 그러므로 우리는 담대하게 은혜의 보좌로 나아갑시다. 그리하여 우리가 자비를 받고 은혜를 입어서, 제때에 주시는 도움을 받도록 합시다."(히 4:14-16 표준새번역)

하나님의 말씀이 내 영혼의 더러운 것들을 씻어내도록 말씀 앞에 나를 세워야 합니다. 그리고 육신의 타락한 본성 앞에 절규하며 우리의 연약함을 안타까워하시는 주님께 의탁하고 의지해야 합니다.

우리의 육신은 주님의 긍휼과 자비 가운데 있다는 것을 기억하기를 소망합니다.

오늘의 기도

말씀의 검이 날마다 내 육신을 죽이고 정결하게 하소서.

42
신약

믿음은 신비를 살아내게 한다

히브리서 11장 1–12절

1. 믿음은 바라는 것들의 실상이요 보이지 않는 것들의 증거니
2. 선진들이 이로써 증거를 얻었느니라
3. 믿음으로 모든 세계가 하나님의 말씀으로 지어진 줄을 우리가 아나니 보이는 것은 나타난 것으로 말미암아 된 것이 아니니라
4. 믿음으로 아벨은 가인보다 더 나은 제사를 하나님께 드림으로 의로운 자라 하시는 증거를 얻었으니 하나님이 그 예물에 대하여 증언하심이라 그가 죽었으나 그 믿음으로써 지금도 말하느니라
5. 믿음으로 에녹은 죽음을 보지 않고 옮겨졌으니 하나님이 그를 옮기심으로 다시 보이지 아니하였느니라 그는 옮겨지기 전에 하나님을 기쁘시게 하는 자라 하는 증거를 받았느니라
6. 믿음이 없이는 하나님을 기쁘시게 하지 못하나니 하나님께 나아가는 자는 반드시 그가 계신 것과 또한 그가 자기를 찾는 자들에게 상 주시는 이심을 믿어야 할지니라
7. 믿음으로 노아는 아직 보이지 않는 일에 경고하심을 받아 경외함으로 방주를 준비하여 그 집을 구원하였으니 이로 말미암아 세상을 정죄하고 믿음을 따르는 의의 상속자가 되었느니라
8. 믿음으로 아브라함은 부르심을 받았을 때에 순종하여 장래의 유업으로 받을 땅에 나아갈새 갈 바를 알지 못하고 나아갔으며
9. 믿음으로 그가 이방의 땅에 있는 것 같이 약속의 땅에 거류하여 동일한 약속을 유업으로 함께 받은 이삭 및 야곱과 더불어 장막에 거하였으니
10. 이는 그가 하나님이 계획하시고 지으실 터가 있는 성을 바랐음이라
11. 믿음으로 사라 자신도 나이가 많아 단산하였으나 잉태할 수 있는 힘을 얻었으니 이는 약속하신 이를 미쁘신 줄 알았음이라
12. 이러므로 죽은 자와 같은 한 사람으로 말미암아 하늘의 허다한 별과 또 해변의 무수한 모래와 같이 많은 후손이 생육하였느니라

기독교 신앙의 핵심적인 내용은 사실상 사람의 눈으로 확인할 수 있는 부분이 없습니다. 하나님을 직접 눈으로 본 사람이 없습니다. 성경은 인간이 하나님을

눈으로 보면 살 수가 없다고까지 합니다.

2천 년 전에 이 땅에 오신 예수님, 그때의 사람들은 육신을 입으신 예수님을 보았겠지만, 지금은 그럴 수 없습니다.

성령님도 그 존재성이 영이시니 볼 수 없고, 천국과 지옥도 마찬가지입니다.

눈으로 볼 수 있는 것도 믿기 어려운데, 눈으로 볼 수 없는 것을 믿으라고 하니 기독교 신앙은 정말 쉽지 않음이 틀림없습니다.

그런데 눈으로 볼 수 있는 것만을 믿으라고 말하면 그것이 무슨 신앙이겠습니까? 그리고 눈으로 보이는 것을 믿지 않을 사람이 어디 있겠습니까?

성경에서는 믿음은 보이지 않는 것들의 증거(히 11:1)라고 말씀합니다. 믿음으로 노아는 아직 보이지 않는 것들의 경고하심을 받아 방주를 준비했다(히 11:7)고 말입니다. 믿음으로 아브라함은 부르심을 받았을 때 나아갈 바를 알지 못하고 나아갔다(히 11:8)고 말입니다.

보이지 않는 것들의 증거가 되는 것, 보이지 않는 것을 실행하고, 보이지 않는 것을 순종하는 그것이 바로 믿음입니다.

믿음은 참으로 신비한 그 자체입니다. 보이지 않는데 그것을 살아낼 수 있으니 말입니다. 믿음은 보이지 않는 것들을 보는 것처럼 사는 것입니다. 그 놀라운 신비를 살아내고, 굳건하게 살아가는 우리의 삶이 되기를 소망합니다.

우리의 삶을 통하여 보이지 않는 주님을 드러낼 수 있게 하옵소서.

43 신약

더 나은, 더 좋은 것을 위해

히브리서 11장 36-40절

36. 또 어떤 이들은 조롱과 채찍질뿐 아니라 결박과 옥에 갇히는 시련도 받았으며
37. 돌로 치는 것과 톱으로 켜는 것과 시험과 칼로 죽임을 당하고 양과 염소의 가죽을 입고 유리하여 궁핍과 환난과 학대를 받았으니
38. (이런 사람은 세상이 감당하지 못하느니라) 그들이 광야와 산과 동굴과 토굴에 유리하였느니라
39. 이 사람들은 다 믿음으로 말미암아 증거를 받았으나 약속된 것을 받지 못하였으니
40. 이는 하나님이 우리를 위하여 더 좋은 것을 예비하셨은즉 우리가 아니면 그들로 온전함을 이루지 못하게 하려 하심이라

미국의 신학자이며 사회학자인 토니 캄폴로 박사가 95세 이상 된 어르신들을 대상으로 "다시 한 번 인생을 산다면 어떻게 살 것인가?"하는 질문을 했다고 합니다. 다양한 대답이 있었지만 대체로 이런 대답이었다고 합니다. "인생을 반성하며 좀 더 신중하게 살겠다. 용기 있게 도전하는 삶을 살겠다. 죽은 후에도 무언가 남길 수 있는 삶을 살겠다."

사람은 누구나 후회 없는 인생을 살고 싶어 합니다. 그러나 누구도 후회 없는 인생을 산 사람은 없을 것입니다. 다만 그 후회가 크거나 작은 정도의 차이가 있을 뿐입니다.

히브리서 11장은 우리가 잘 알고 있는 말씀입니다. 우리는 11장을 "믿음의 장"이라고 말합니다. 그런데 11장에 나타나는 믿음의 삶이 결코 만만하지가 않습니다.

성경은 믿음의 삶을 이렇게 말씀합니다. "또 어떤 이들은 조롱과 채찍질뿐

아니라 결박과 옥에 갇히는 시련도 받았으며. 돌로 치는 것과 톱으로 켜는 것과 시험과 칼로 죽임을 당하고 양과 염소의 가죽을 입고 유리하여 궁핍과 환난과 학대를 받았으니.(이런 사람은 세상이 감당하지 못하느니라) 그들이 광야와 산과 동굴과 토굴에 유리하였느니라"(히 11: 36-38)

믿음의 삶을 살기 위해 경험하는 일들이 너무 가혹하지 않은가 싶습니다. 그럼에도 불구하고 이런 믿음의 삶을 살아야 하는 이유는 무엇일까요? 히브리서 11장은 "더 나은, 더 좋은"이라는 말로 표현하고 있습니다.

"그들이 이제는 더 나은 본향을 사모하니 곧 하늘에 있는 것이라 이러므로 하나님이 그들의 하나님이라 일컬음 받으심을 부끄러워하지 아니하시고 그들을 위하여 한 성을 예비하셨느니라"(히 11:16), "여자들은 자기의 죽은 자들을 부활로 받아들이기도 하며 또 어떤 이들은 더 좋은 부활을 얻고자 하여 심한 고문을 받되 구차히 풀려나기를 원하지 아니하였으며"(히 11:35), "이는 하나님이 우리를 위하여 더 좋은 것을 예비하셨은즉 우리가 아니면 그들로 온전함을 이루지 못하게 하려 하심이라"(히 11:40)

믿음의 눈이 열려 "더 나은 본향을", "더 좋은 부활을", "더 좋은 것을" 볼 수 있는 우리가 되었으면 좋겠습니다. 우리가 받게 될 더 나은 것, 더 좋은 것을 향해 우리의 믿음을 더욱 굳건하게 붙잡는 삶이 되기를 소망합니다.

오늘의 기도

우리의 삶이 더 나은 것, 더 좋은 것을 위해 인내하는 믿음의 삶이 되게 하소서.

44 신약

자신이 말한 바를 구현하는 삶

히브리서 12장 15-17절

15. 너희는 하나님의 은혜에 이르지 못하는 자가 없도록 하고 또 쓴 뿌리가 나서 괴롭게 하여 많은 사람이 이로 말미암아 더럽게 되지 않게 하며
16. 음행하는 자와 혹 한 그릇 음식을 위하여 장자의 명분을 판 에서와 같이 망령된 자가 없도록 살피라
17. 너희가 아는 바와 같이 그가 그 후에 축복을 이어받으려고 눈물을 흘리며 구하되 버린 바가 되어 회개할 기회를 얻지 못하였느니라

목회를 하면서 자주 언급하는 것이 하나님 나라의 원리와 세상의 원리, 하나님 나라의 질서체계와 세상의 질서체계에 대한 내용입니다. 힘의 논리가 지배하는 이 세상에서 힘의 논리를 거부하며, 하나님 나라의 방법으로 세상을 살자고 강조합니다. 그러나 세상에서 하나님 나라의 원리로 산다는 것이 얼마나 어려운 일입니까?

하나님 나라의 원리를 강조할 때마다 늘 가슴 한 곳이 뜨끔한 것을 느낍니다. 왜냐면 "나는 지금 그렇게 살고 있는가?"하는 물음이 내 안에서 들려오기 때문입니다.

히브리서 12장 16절은 이렇게 말씀합니다. "음행하는 자와 혹 한 그릇 음식을 위하여 장자의 명분을 판 에서와 같이 망령된 자가 없도록 살피라"

많은 성도가 세상에서 살아갈 때, 세상의 원리, 힘의 논리에 몸을 맡기며 사는 이유가 "한 그릇 음식" 때문인 경우가 많습니다. 먹고 사는 문제는 양과 질의 차이가 있기는 하지만, 모든 사람의 삶에 대단히 중요한 문제가 아닐 수 없습니다.

그러나 성경은 단호하게 말씀합니다. 그 "한 그릇 음식" 때문에 신자의 명분을 팔아서는 안 된다고 말입니다.

성도로서 세상에서 사는 삶이 얼마나 치열한지 우리는 알고 있습니다. 이리 뛰고, 저리 뛰며 분주한 모습으로 최선을 다하는 것도 알고 있습니다. 그럼에도 불구하고 우리가 놓치지 말고 분명하게 잡아야 할 것입니다. 구원 받은 성도로서의 정체성입니다. 우릴 구원하신 하나님을 믿고 행동하는 것입니다. 믿는대로 행하는 것입니다.

"기독교와 자본주의의 발흥"이라는 책의 리뷰를 보았습니다. 그 책을 소개하는 분이 마지막 부분에 저자에 대하여 이런 글귀를 남겼습니다. "그는 개인의 삶에서 자신이 말한 바를 구현한 보기 드문 지식인이다."

"자신이 말한 바를 삶에 구현한 보기 드문 사람" 이 말은 많은 사람들이 말과 행동, 아는 것과 사는 것이 다르다는 것을 말하고 있습니다.

성도로서 우리의 삶이 아는 대로, 말한 대로 살기를 애써야겠습니다. 그리고 삶에서 가장 중요한 것을 놓치지 않고 꼭 붙들고 사는 우리가 되기를 소망합니다.

오늘의 기도

말과 행위가 같은 교회가 되게 하소서.

45
신약

귀하게 여기시는 것

베드로전서 3장 1–12절

1. 아내들아 이와 같이 자기 남편에게 순종하라 이는 혹 말씀을 순종하지 않는 자라도 말로 말미암지 않고 그 아내의 행실로 말미암아 구원을 받게 하려 함이니
2. 너희의 두려워하며 정결한 행실을 봄이라
3. 너희의 단장은 머리를 꾸미고 금을 차고 아름다운 옷을 입는 외모로 하지 말고
4. 오직 마음에 숨은 사람을 온유하고 안정한 심령의 썩지 아니할 것으로 하라 이는 하나님 앞에 값진 것이니라
5. 전에 하나님께 소망을 두었던 거룩한 부녀들도 이와 같이 자기 남편에게 순종함으로 자기를 단장하였나니
6. 사라가 아브라함을 주라 칭하여 순종한 것 같이 너희는 선을 행하고 아무 두려운 일에도 놀라지 아니하면 그의 딸이 된 것이니라
7. 남편들아 이와 같이 지식을 따라 너희 아내와 동거하고 그를 더 연약한 그릇이요 또 생명의 은혜를 함께 이어받을 자로 알아 귀히 여기라 이는 너희 기도가 막히지 아니하게 하려 함이라

성경은 아내가 남편에게 해야 할 일은 순종이라고 말합니다. 왜 아내가 남편에게 순종해야 할까요? 그 이유에 대해서 성경은 이렇게 말씀합니다. “아내가 된 이 여러분, 이와 같이 여러분은 자기 남편에게 순복하십시오. 그리하면 비록 말씀에 복종하지 않는 남편일지라도, 말을 하지 않고도 아내 여러분의 행실로 말미암아 구원을 얻게 될 것입니다.”(벧전 3:1 새번역)

믿지 않는 남편이 있다면 순종으로 말미암아 구원의 역사가 일어날 것입니다.

남편이 아내에게 해야 할 일은 존중이라고 말합니다. 왜 남편은 아내를 존중해야 할까요? 성경은 이렇게 말씀합니다. “남편이 된 이 여러분, 이와 같이 여러분도 아내가 여성으로서 자기보다 연약한 그릇임을 이해하고 함께 살아야 합니다. 그리고 생명의 은혜를 함께 상속받을 사람으로 알고 존중하십시오. 그리해

야 여러분의 기도가 막히지 않을 것입니다."(벧전 3:7 새번역)

남편이 아내를 존중해야 기도가 막히지 않을 것이라고 말씀합니다. 기도의 응답을 원하신다면 아내를 존중하십시오.

성경은 공동체 안에서 해야 할 일을 이렇게 말씀합니다. "여러분은 모두 한마음을 품으며, 서로 동정하며, 서로 사랑하며, 자비로우며, 겸손 하십시오."(새번역) 그렇다면 왜 서로 이러해야 할까요? 성경은 그 이유를 이렇게 말씀합니다. "주님의 눈은 의인들을 굽어보시고, 주님의 귀는 그들의 간구를 들으신다. 그러나 주님은 악을 행하는 자들에게서는 얼굴을 돌리신다." (벧전 3:12 새번역)

서로 한마음을 품고, 동정하며, 사랑하며, 자비로우며, 겸손한 사람에게 주님의 눈과 귀가 고정됩니다. 주님이 주목하시는 삶이 되길 소망하신다면 서로 하나가 되고, 동정하고, 사랑하고, 자비롭고, 겸손 하십시오. 마음속에 특별히 깊이 남는 말씀이 있습니다. "썩지 않는 장식, 곧 온유하고 정숙한 정신으로 속마음을 치장하십시오. 이것이야말로 하나님께서 가장 귀하게 여기시는 것입니다."(벧전 3:4 공동번역)

남편에게 순종하고, 아내를 존중하고, 공동체 안에서 서로 한마음을 품고, 서로 동정하며, 사랑하며, 자비로우며, 겸손한 삶으로 만들어 가는 방법은 바로 속마음을 온유와 정숙한 정신으로 장식하는 것입니다. 우리의 공동체가 모두 한마음으로 서로를 귀하게 여기는 곳이 되기를 소망합니다.

오늘의 기도

주님이 귀하게 여기시는 인생, 주님이 값지게 여기시는 인생이 되게 하소서.

46 신약

지나간 때와 남은 때

베드로전서 4장 1–11절

4. 이러므로 너희가 그들과 함께 그런 극한 방탕에 달음질하지 아니하는 것을 그들이 이상히 여겨 비방하나
5. 그들이 산 자와 죽은 자를 심판하기로 예비하신 이에게 사실대로 고하리라
6. 이를 위하여 죽은 자들에게도 복음이 전파되었으니 이는 육체로는 사람으로 심판을 받으나 영으로는 하나님을 따라 살게 하려 함이라
7. 만물의 마지막이 가까이 왔으니 그러므로 너희는 정신을 차리고 근신하여 기도하라
8. 무엇보다도 뜨겁게 서로 사랑할지니 사랑은 허다한 죄를 덮느니라
9. 서로 대접하기를 원망 없이 하고
10. 각각 은사를 받은 대로 하나님의 여러 가지 은혜를 맡은 선한 청지기 같이 서로 봉사하라
11. 만일 누가 말하려면 하나님의 말씀을 하는 것 같이 하고 누가 봉사하려면 하나님이 공급하시는 힘으로 하는 것 같이 하라 이는 범사에 예수 그리스도로 말미암아 하나님이 영광을 받으시게 하려 함이니 그에게 영광과 권능이 세세에 무궁하도록 있느니라 아멘

한동대학교의 초대총장으로 섬기셨던 김영길 총장님의 간증을 들은 적이 있습니다. 총장님은 예수를 믿기 전과 믿은 후의 삶을 이렇게 말씀하셨습니다. "믿기 전에 보았던 하늘과 믿은 후에 보았던 하늘이 달랐으며, 믿기 전에 보았던 꽃과 나무가 믿은 후에 보았던 꽃과 나무와 달랐다. 믿기 전에 보았던 세상과 믿은 후의 세상이 달랐다"라고 말입니다.

베드로전서의 수신자는 유대인이었다가 기독교로 개종한 디아스포라(포로기 때 흩어진 자들) 유대인들입니다. 베드로는 복음을 전하여 예수님을 믿게 된 그들에게 예수 믿기 이전의 삶과 이후의 삶을 말하고 있습니다. 예수 믿기 이전의 삶을 베드로는 이렇게 말합니다. "여러분은 지난날에 이방 사람들이 하고

싫어 하는 일을 하였으니, 곧 방탕과 정욕과 술 취함과 환락과 연회와 가증스러운 우상숭배에 빠져 살아왔습니다."(벧전 4:3 새번역)

베드로는 예수 믿기 이전에 살았던 것을 "그것은 지나간 때로 충분하기에"(벧전 4:3 새번역) 이제부터는 예수 믿은 이후의 삶을 살아야 한다고 말합니다. 그렇다면 예수 믿은 이후의 삶은 어떠해야 합니까? 베드로는 이어서 말합니다. "그러므로 정신을 차리고, 삼가 조심하여 기도하십시오. 무엇보다도 먼저 서로 뜨겁게 사랑하십시오. 사랑은 허다한 죄를 덮어 줍니다. 불평 없이 서로 따뜻하게 대접하십시오. 각 사람은 은사를 받은 대로 하나님의 여러 가지 은혜를 맡은 선한 관리인으로서 서로 봉사하십시오. 말을 하는 사람은 하나님의 말씀을 전파하는 사람답게 하고, 봉사하는 사람은 하나님께서 주시는 힘으로 봉사하는 사람답게 하십시오."(벧전 4:7-11 새번역)

베드로는 예수 믿기 이전의 삶과 예수 믿은 이후의 삶을 너무나 분명하게 구분하고 있습니다. "이제부터는 육신으로 살아갈 남은 때를 인간의 욕정대로 살지 말고, 하나님의 뜻대로 살아야 합니다."(벧전 4:2 새번역)라고 말합니다.

우리의 삶은 예수 믿기 이전과 예수 믿은 이후가 명확히 구분되고 있는지를 돌아보아야겠습니다. 남아 있는 우리의 시간이 예수 믿는 사람다운 삶이 되도록 힘써야겠습니다. 지나간 때와 남은 때를 명확히 구분하는 삶, 지나간 때와 남은 때가 명확히 다른 삶, 지나간 때와 남은 때를 넘나들지 않는 삶, 그것이 우리의 삶이 되기를 소망합니다.

오늘의 기도

지나간 때와 남은 때를 명확히 구분하는 삶이 되게 하소서.

47 신약

하나님의 성품에 참여하는 자

베드로후서 1장 3–7절

3. 그의 신기한 능력으로 생명과 경건에 속한 모든 것을 우리에게 주셨으니 이는 자기의 영광과 덕으로써 우리를 부르신 이를 앎으로 말미암음이라
4. 이로써 그 보배롭고 지극히 큰 약속을 우리에게 주사 이 약속으로 말미암아 너희가 정욕 때문에 세상에서 썩어질 것을 피하여 신성한 성품에 참여하는 자가 되게 하려 하셨느니라
5. 그러므로 너희가 더욱 힘써 너희 믿음에 덕을, 덕에 지식을,
6. 지식에 절제를, 절제에 인내를, 인내에 경건을,
7. 경건에 형제 우애를, 형제 우애에 사랑을 더하라

선교단체인 예수전도단의 DTS 과정을 호주 캔버라 베이스에서 수료한 후 이런 생각을 한 적이 있습니다. "이런 과정 6개월이면 변화시키지 못할 사람이 없겠다."라는 생각입니다. 그런 생각 때문에 DTS 간사로 부르심을 받았을 때 기꺼이 가고자 했습니다. 그러나 학교에 어떤 문제가 생겨서 결국 가지는 못했습니다.

시간이 지난 후 감사하게도 그곳에 강의하러 가게 되었습니다. 제가 가는 곳은 지역적 특성상 많은 학생이 모이지는 않았지만, 강의하는 매 순간 풍성한 은혜를 경험했습니다. 인생의 한 부분, 6개월 동안 하나님께만 몰입하는 학생들을 볼 때 너무나 귀하다는 생각이 들었기 때문입니다.

강의하는 내용의 주제는 두 가지입니다. 하나는 "기독교 세계관"이고 또 하나는 "하나님의 성품"입니다. 이 두 강의를 모두 귀하게 여기지만 "하나님의 성품"을 강의할 때마다 큰 감동과 은혜를 경험합니다. "십자가"에 대한 내용은 나눌 때마다 감격스럽고 감동이 되며, 그로 인해 큰 은혜를 경험하게 됩니다.

베드로후서에서 이렇게 말씀합니다. "하나님께서는 우리가 그를 앎으로 말미암아 생명과 경건에 이르게 하는 모든 것을 그의 권능으로 우리에게 주셨습니다. 하나님은 우리를 부르셔서 그의 영광과 덕을 누리게 해 주신 분이십니다. 그는 이 영광과 덕으로 귀중하고 아주 위대한 약속을 우리에게 주셨습니다. 이 약속으로 말미암아 세상의 정욕으로 부패한 사람이 아니라 하나님의 성품에 참여하는 사람이 되게 하시려는 것입니다."(벧후 1:3-4절 표준새번역)

표준새번역의 "하나님의 성품"이라는 표현을 예전 개역한글 성경에서는 "신의 성품"이라고 표현했습니다. 우리가 사용하는 개역개정에서는 "신성한 성품"이라고 번역하고 있습니다. 여러 표현 중에 "하나님의 성품"이라는 표현이 가장 좋은 것 같습니다. 하나님은 우리가 "하나님의 성품"에 참여하는 사람이 되길 원하십니다. 그것이 우리에게 주시는 가장 큰 영광이며 은혜입니다. 연약한 우리를 하나님의 성품에 참여하는 자가 되게 하시려고 지금도 끊임없이 이끌어 가고 계십니다.

우리의 성품이 하나님의 성품을 닮아 가기를, 그리고 연약하고 부족한 모습이지만 선한 곳으로 이끌어가시는 주님을 완전하게 의지하는 삶이 되기를 소망합니다.

하나님의 성품을 닮아 가는 삶이 되게 하소서.

48 신약

하나님께로 난 자

요한일서 5장 1-12절

4. 무릇 하나님께로부터 난 자마다 세상을 이기느니라 세상을 이기는 승리는 이것이니 우리의 믿음이니라
5. 예수께서 하나님의 아들이심을 믿는 자가 아니면 세상을 이기는 자가 누구냐
6. 이는 물과 피로 임하신 이시니 곧 예수 그리스도시라 물로만 아니요 물과 피로 임하셨고 증언하는 이는 성령이시니 성령은 진리니라
7. 증언하는 이가 셋이니
8. 성령과 물과 피라 또한 이 셋은 합하여 하나이니라
9. 만일 우리가 사람들의 증언을 받을진대 하나님의 증거는 더욱 크도다 하나님의 증거는 이것이니 그의 아들에 대하여 증언하신 것이니라
10. 하나님의 아들을 믿는 자는 자기 안에 증거가 있고 하나님을 믿지 아니하는 자는 하나님을 거짓말하는 자로 만드나니 이는 하나님께서 그 아들에 대하여 증언하신 증거를 믿지 아니하였음이라
11. 또 증거는 이것이니 하나님이 우리에게 영생을 주신 것과 이 생명이 그의 아들 안에 있는 그것이니라
12. 아들이 있는 자에게는 생명이 있고 하나님의 아들이 없는 자에게는 생명이 없느니라

이제는 익숙한 단어가 된 "금수저, 흙수저"라는 말이 있습니다. 이 말은 "은수저, 동수저"라는 말과 함께 사람이 태어날 때 부모의 재력이나 능력으로 인해 계급이 정해진다는 의미입니다. 소위 수저계급론으로 쓰이는 말입니다.

수저계급론은 "개천에서 용 난다"라는 말을 이제는 더 이상 의미 없는 속담으로 만들었습니다. 사람이 태어 나는 순간 모든 것이 결정됩니다. 살아가면서 무엇에 도전하거나 환경이 바뀔 수 있을 것이라는 희망을 아예 차단하는 무서운 절망의 결정체가 되었습니다. 세상을 향하여 분노하고, 태생을 원망하거나 자신의 삶을 한탄합니다. 모든 것을 체념하고 사는 삶을 종종 보게 됩니다.

세상 사람들은 자신의 부모가 누구인가를 봅니다. 그런데 성경은 사람이 태어나는 것을 단순히 부모에게서만 나는 것이 아님을 말씀합니다. "하나님께로 난(born) 자마다"(요일 5:4)라고 말씀하고 있습니다. 즉 사람의 출생이 육신의 부모뿐만 아니라 하나님께로부터 출생하는 자가 있음을 말하고 있습니다.

그러면서 성경은 이렇게 말씀합니다. "하나님께로 난 자마다 세상을 이긴다"(요일 5:4)라고 말입니다. 하나님께로 난 것을 볼 수 있는 사람과 그것을 보지 못하고 육신의 부모만을 보는 사람의 차이점은 무엇입니까? 그 결과는 세상을 이기느냐, 이기지 못하느냐하는 것입니다. 우리는 하나님께로 난 자들입니다. 그러기에 세상을 이길 수 있습니다. 세상의 수저계급론 따위가 우리를 절망과 좌절로 이끌 수는 없습니다.

"나는 믿네"라는 제목의 찬양이 있습니다. 그 찬양의 가사 한 부분에 이런 내용이 있습니다. "내가 겪는 시험이 어렵고 힘들어도 내 주님보다 크지 않네"

그렇습니다. 내 삶에서 겪게 되는 모든 시험과 고난, 환란이 주님보다 크지 않은 것은 분명한 사실입니다. 그렇기에 우리는 주님과 함께 세상에서 승리할 것입니다. 하나님께로 난 자로서, 어떠한 것보다 크신 하나님과 세상을 넉넉하게 이기는 우리가 되기를 소망합니다.

오늘의 기도

하나님께로 난 자이기에 세상을 이기는 삶을 살게 하소서.

49 신약

부족한 것이 있어야 하는 이유?

요한계시록 3장 14-22절

14. 라오디게아 교회의 사자에게 편지하라 아멘이시요 충성되고 참된 증인이시요 하나님의 창조의 근본이신 이가 이르시되
15. 내가 네 행위를 아노니 네가 차지도 아니하고 뜨겁지도 아니하도다 네가 차든지 뜨겁든지 하기를 원하노라
16. 네가 이같이 미지근하여 뜨겁지도 아니하고 차지도 아니하니 내 입에서 너를 토하여 버리리라
17. 네가 말하기를 나는 부자라 부요하여 부족한 것이 없다 하나 네 곤고한 것과 가련한 것과 가난한 것과 눈 먼 것과 벌거벗은 것을 알지 못하는도다
18. 내가 너를 권하노니 내게서 불로 연단한 금을 사서 부요하게 하고 흰 옷을 사서 입어 벌거벗은 수치를 보이지 않게 하고 안약을 사서 눈에 발라 보게 하라
19. 무릇 내가 사랑하는 자를 책망하여 징계하노니 그러므로 네가 열심을 내라 회개하라
20. 볼지어다 내가 문 밖에 서서 두드리노니 누구든지 내 음성을 듣고 문을 열면 내가 그에게로 들어가 그와 더불어 먹고 그는 나와 더불어 먹으리라
21. 이기는 그에게는 내가 내 보좌에 함께 앉게 하여 주기를 내가 이기고 아버지 보좌에 함께 앉은 것과 같이 하리라
22. 귀 있는 자는 성령이 교회들에게 하시는 말씀을 들을지어다

소아시아의 일곱 교회에 대한 말씀을 살펴보면 칭찬만 받은 교회는 서머나 교회와 빌라델피아 교회이고, 칭찬과 책망을 함께 받은 교회는 에베소, 버가모, 두아디라, 사데 교회입니다. 그리고 유일하게 책망만 받은 교회가 라오디게아 교회입니다.

라오디게아 교회 하면 딱 떠오르는 말씀이 "차든지 뜨겁든지 하라"(계 3:15)는 말씀입니다. 히에나볼리의 뜨거운 온천수처럼 약효를 발휘해 누군가를 치유하던지, 골로새의 차가운 계곡물처럼 누군가의 심신에 활력을 주는 존재가 되라는 것입니다. 그렇지 않고 미지근하면 병균만 득실거려 누군가에게 해를 끼치는

존재가 되기 때문입니다.

그리고 이어지는 말씀이 요한계시록 3장 17절의 말씀입니다. "너는 풍족하여 부족한 것이 조금도 없다고 하지만, 실상 너는, 네가 비참하고 불쌍하고 가난하고 눈이 멀고 벌거벗은 것을 알지 못한다." (표준새번역)

교통과 무역, 금융의 중심지 라오디게아였습니다. 그래서 그런지 교회마저도 참 풍족했던 것 같습니다. 부족한 것이 없다고 말했던 라오디게아 교회를 하나님은 비참하고, 불쌍하며, 가난하고, 눈이 멀고, 벌거벗었다고 말씀하십니다.

풍족하여 부족함이 없었던 라오디게아 교회를 향해 하나님은 왜 그렇게 말씀하실까요? 그것은 그들의 부요함이 하나님을 아는데, 하나님의 은혜를 누리는데 아무런 도움이 되지 않았기 때문입니다.

믿음을 갖는 이유가 풍족한 삶을 위해서라고 많은 사람은 말합니다. 그런데 만일 부족함이 없이 부요한 것이 하나님을 아는 데 아무런 도움이 되지 않는다면 차라리 부족한 것이 더 나을 것입니다.

하나님은 물질이 부족한 삶을 비참하고 불쌍한 삶이라고 말씀하지 않습니다. 하나님과 멀어진 모습이 진정한 비참한 삶입니다. 부족함으로 인해 하나님을 알고, 부족함으로 인해 하나님께 더 가까이 가게 된다면 부요함을 버리고 부족함을 선택하는 것이야말로 진정한 성도의 모습일 것입니다.

우리 삶을 진정으로 부요하게 하는 분이 누구인지 생각하는 삶이 되기를 소망합니다.

오늘의 기도

부족한 것이 없을 때가 가장 부족한 때임을 알게 하소서.

50 신약

그곳에 가고 싶다

요한계시록 7장 16절, 21장 4절, 22장 4절

7:16 그들이 다시는 주리지도 아니하며 목마르지도 아니하고 해나 아무 뜨거운 기운에 상하지도 아니하리니
21:4 모든 눈물을 그 눈에서 닦아 주시니 다시는 사망이 없고 애통하는 것이나 곡하는 것이나 아픈 것이 다시 있지 아니하리니 처음 것들이 다 지나갔음이러라
22:4 그의 얼굴을 볼 터이요 그의 이름도 그들의 이마에 있으리라

하나님 나라는 어떻게 생겼을까요? 하나님 나라를 생각할 때마다 이런 상상을 합니다. 하나님 나라는 따스한 햇볕이 끊이지 않고, 넓은 잔디가 끝없이 펼쳐져 있을 것 같습니다. 그곳을 피터 팬처럼 자유롭게 날아다니며 하고 싶은 것을 마음대로 하는 그런 상상 말입니다.

요한계시록에 단편적으로 기록된 하나님 나라가 있습니다. 어떤 분들은 하나님 나라를 보았다고 말하기도 합니다. 하나님 나라는 금과 은, 수많은 보석으로 치장된 곳으로 표현합니다. 사실 하나님 나라가 왜 꼭 금과 은으로 장식되어 있어야 하는가하는 생각을 해봅니다. 왜냐하면 세상에도 금과 은, 보석 등의 물질적인 것을 찾아 헤매는데 하나님 나라마저 그런 가치들로 채워져야 하는가 하는 생각 때문입니다.

성경이 그렇게 하나님 나라를 표현하는 이유는 인간이 좋아하는 것이고, 가치 있게 여기는 것이기 때문입니다. 하나님 나라는 이 땅의 가장 좋은 것보다 훨씬 더 좋은 나라라는 것을 설명하기 위한 것입니다. 물론 하나님 나라가 정말로 금으로 만든 길과 우리가 한 번도 보지 못한 보석들로 치장되어 있을 수도 있

습니다.

요한계시록에는 이러한 금과 은이나 보석들의 치장된 모습보다는 하나님 나라에 대해서 "다시는" 혹은 "다시"라는 단어를 통하여 설명하고 있습니다.

7장 16절에는 이렇게 말씀합니다. "그들이 다시는 주리지도 아니하며 목마르지도 아니하고 해나 아무 뜨거운 기운에 상하지도 아니하리니" 하나님 나라는 그 어떤 주림이나 목마름, 그리고 상함이 없는 곳입니다.

21장 4절에서는 "모든 눈물을 그 눈에서 닦아 주시니 다시는 사망이 없고 애통하는 것이나 곡하는 것이나 아픈 것이 다시 있지 아니하리니 처음 것들이 다 지나갔음이러라"라고 말씀합니다. 하나님 나라는 다시는 사망이 없고, 애통이나 곡이나 아픈 것이 없는 곳입니다. 또 22장 5절에는 "다시 밤이 없겠고 등불과 햇빛이 쓸 데 없으니 이는 주 하나님이 그들에게 비치심이라 그들이 세세토록 왕 노릇 하리로다" 라고 말씀합니다.

하나님 나라는 다시는 밤이 없는 등불과 햇빛이 쓸데없는, 하나님의 백성들이 세세토록 왕 노릇 하는 곳입니다.

바로 이런 곳이 하나님 나라, 흔히 말하는 천국입니다. 이러한 가치는 세상의 그 어떤 가치와 비교될 수 없는 가치입니다. 어디에도 없는 놀라운 나라입니다. 바로 그곳이 우리가 영원히 머물게 될 나라입니다. 이 땅에 사는 동안 하나님 나라를 고대하며 살기를 소망합니다.

오늘의 기도

하나님 나라를 고대하며 살게 하소서.

내가 쓰는 아침 인사

말씀을 읽고,
묵상하는 것은 성도의 특권입니다.
나의 언어로
나의 묵상으로 여백을 채우며
'아침 인사'를 나누고,
마무리하면 좋겠습니다.
묵상의 시작점이 되기를 소망합니다.

자비한 자에게는
주의 자비하심을 나타내시며
완전한 자에게는
주의 완전하심을 보이시며
깨끗한 자에게는
주의 깨끗하심을 보이시며
사악한 자에게는
주의 거스르심을 보이시리라
(사무엘하 22장 26~27절)

내가 쓰는 아침 인사

사랑과 진실이 만나고,
정의는 평화와 서로 입을 맞춘다.
진실이 땅에서 돋아나고,
정의는 하늘에서 굽어본다.
주님께서 좋은 것을 내려 주시니,
우리의 땅은 열매를 맺는다.
정의가 주님 앞에 앞서가며,
주님께서 가실 길을 닦을 것이다.
(시편 85편 10~13절 표준새번역)

● 내가 쓰는 아침 인사

가난한 자를
불쌍히 여기는 것은
여호와께 꾸어 드리는것이니
그의 선행을
그에게 갚아 주시리라
(잠언 19장 17절)

내가 쓰는 아침 인사

너는 나를
도장 같이 마음에 품고
도장 같이 팔에 두라
사랑은 죽음 같이 강하고
질투는 스올 같이 잔인하며
불길 같이 일어나나니
그 기세가 여호와의 불과 같으니라.
많은 물도 이 사랑을 끄지 못하겠고
홍수라도 삼키지 못하나니
사람이 그의 온 가산을 다 주고
사랑과 바꾸려 할지라도
오히려 멸시를 받으리라
(아가서 8장 6~7절)

내가 쓰는 아침 인사

너희는 봄철에
비를 내려 달라고 주님께 빌어라.
비구름을 일게 하시는 분은 주님이시다.
주님께서 사람들에게 소나기를 주시며,
각 사람에게 밭의 채소를 주신다.
내가 휘파람을 불어서 그들을 모으겠다.
내가 이미 그들을 구원하였으니,
그들이 옛날처럼 다시 번성할 것이다.
(스가랴 10장 1, 8절 표준새번역)

내가 쓰는 아침 인사

만일 네 오른 눈이
너로 실족하게 하거든
빼어 내버리라
네 백체 중 하나가 없어지고
온 몸이 지옥에 던져지지
않는 것이 유익하며,
또한 만일 네 오른 손이
너로 실족하게 하거든
찍어 내버리라
네 백체 중 하나가 없어지고
온 몸이 지옥에 던져지지
않는것이 유익하니라
(마태복음 5장 29~30절)

내가 쓰는 아침 인사

형제들아
내가 우리 주 예수 그리스도의 이름으로
너희를 권하노니
모두가 같은 말을 하고
너희 가운데 분쟁이 없이
같은 마음과 같은 뜻으로
온전히 합하라
(고린도전서 1장 10절)

● 내가 쓰는 아침 인사

또 나를 위하여
기도하기를,
내가 입을 열 때에,
하나님께서 말씀을 주셔서
담대하게 복음의 비밀을 알릴 수 있게
해 달라고 하십시오.
나는 사슬에 매여 있으나,
이 복음을 전하는 사신입니다.
이런 형편에서도,
내가 마땅히 해야할 말을
담대하게 말할 수 있게
기도하여 주십시오.
(에베소서 6장 19~20절 표준새번역)

● 내가 쓰는 아침 인사

위의 것을 생각하고
땅의 것을 생각하지 말라.
이는 너희가 죽었고
너희 생명이 그리스도와 함께 하나님 안에 감추어졌음이라.
우리 생명이신 그리스도께서 나타나실 그 때에
너희도 그와 함께 영광 중에 나타나리라.
그러므로 땅에 있는 지체를 죽이라
곧 음란과 부정과 사욕과 악한 정욕과 탐심이니
탐심은 우상 숭배니라 (골로새서 3장 2~5절)

내가 쓰는 아침 인사

하나님께서는,
우리가 그를 앎으로 말미암아
생명과 경건에 이르게 하는 모든 것을,
그의 권능으로 우리에게 주셨습니다.
하나님은 우리를 부르셔서
그의 영광과 덕을 누리게 해 주신 분이십니다.
그는 이 영광과 덕으로
귀중하고 아주 위대한 약속들을 우리에게 주셨습니다.
그것은 이 약속들로 말미암아
여러분이 세상에서 정욕 때문에
부패하는 사람이 되는 것이 아니라,
하나님의 성품에 참여하는
사람이되게 하시려는 것입니다.
(베드로후서 1장 3~4절 표준새번역)

내가 쓰는 아침 인사

내가 쓰는 아침 인사

내가 쓰는 아침 인사

시골 목사의 **아침 인사**
일상에서
하나님을 만나다

초판 1쇄 발행 | 2020년 8월 25일

지 은 이 | 한상만
일러스트 | 송정화(그림그리는엄마)
펴 낸 곳 | 인더바이블
등록번호 | 제2007000035호(2007.4.24)
주 소 | 경기도 파주시 탄현면 여치길 77
전화번호 | 031-946-1972
팩 스 | 02-6280-1793

*인더바이블은 J.C커뮤니케이션의 임프린트 이름입니다.